Gebeco
LÄNDER ERLEBEN
Wasser ist Leben
Reisen Sie mit uns entlang der Ufer des heiligen Ganges, schauen Sie von der griechischen Küste auf das Mittelmeer, in dem sich uralte Sagen und jahrhundertealte Geschichte spiegeln oder entdecken Sie den Ursprung des Nils im Zentrum Afrikas.
Wagen Sie sich in Ihrem **Reisejahr 2020** gemeinsam mit uns vor zur Quelle allen Lebens.
Mehr erfahren unter www.gebeco.de/**themenjahr**
Jetzt buchen unter **0431 54460**, in Ihrem **Reisebüro** und unter **www.gebeco.de**

Liebe Leserin,

lieber Leser,

keine Wolke ist am Himmel, nicht der geringste Lufthauch zu spüren. Doch plötzlich schaukelt die „Columbus Iselin“, nicht festgezurrte Gegenstände kippen von den Labortischen, ich suche nach Halt. Gerade erst aus dem Hafen von Miami ausgelaufen, auf halben Weg nach Bimini zum Einklarieren auf den Bahamas, wird unser Forschungsschiff dermaßen in der kabbeligen See durchgeschüttelt, dass die ersten Wissenschaftler nach wenigen Minuten bleich in ihren Kabinen verschwinden. Das gespenstige Spektakel dauert eine gute Stunde, dann ist die See wieder glatt und ruhig – und der Golfstrom passiert. Für meine Dissertation querte ich Anfang der 1990er-Jahre ein halbes Dutzend Mal den großen ozeanischen Strom, der vor Florida für so unruhige See sorgt, in Europa für milde Winter, Palmen in Irland, unser gemäßigtes Klima, die Grundlage und Voraussetzung unserer kulturellen und wirtschaftlichen Entwicklung. Das Leben auf demselben Breitengrad mit und ohne diese Fernwärmeheizung zeigen wir in einer aufwendigen Doppelreportage auf beiden Seiten des Atlantiks in der vorliegenden Ausgabe (Seite 60).

Der weitere Einfluss des Golfstroms im hohen Norden, der Arktis, ist immanent für dieses Ökosystem. Und der maßgebliche Unterschied zur Antarktis. Im neuen, dem inzwischen sechsten „World Ocean Review“ („WOR“), der am 7. November der Öffentlichkeit vorgestellt wurde, finden Sie einen der umfassendsten Zustandsberichte, die je von Wissenschaftlern erstellt wurden. mare und die von uns gegründete gemeinnützige Gesellschaft maribus haben über viele Monate in Zusammenarbeit mit Wissenschaftlern aus verschiedenen deutschen Forschungsinstituten (das Konsortium Deutsche Meeresforschung ist Partner des „WOR“) dieses Opus magnum der Polarregionen erstellt, das jetzt kostenlos in Englisch und Deutsch bei uns – gedruckt oder als PDF – bestellt werden kann. Wissenschaftlich präzise, umfassend und vor allem leicht verständlich können Sie (und Journalisten, Studenten, Politiker oder Ökonomen) diese für unseren Planeten so elementaren Systeme kennenlernen und die Tatsache, dass es Zeit ist zu handeln. Denn an den Polen entscheidet sich unsere Zukunft (Seite 86).

Viel Spaß beim Lesen wünscht Ihnen

Nikolaus Gelpke

Inhalt

Reportage: Kola in der russischen Arktis wendet sich nach Westen

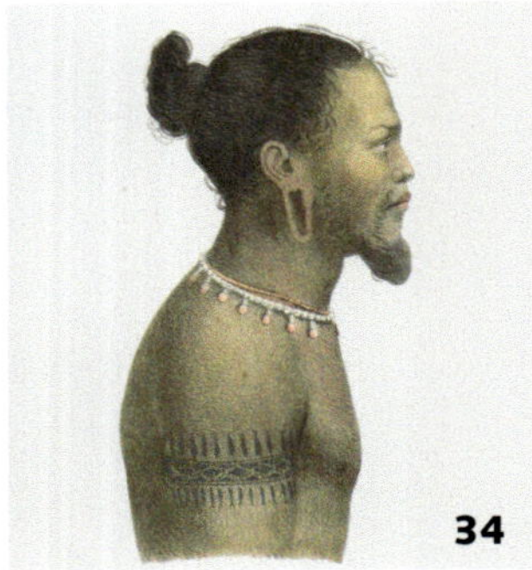

Politik: Wie indigene Wegweiser Entdeckern zum Ruhm verhalfen

Politik: Hamburger Reeder und ihr brutales Geschäft mit Migranten

Leben: Als Englands Fischerwitwen zu Rebellinnen der Seefahrt wurden

Titel: Golfstrom – Europas Fernwärme und ein Fokus der Klimaforschung

Kultur: Vom Seestück zur Marke – die Malerei der van de Veldes

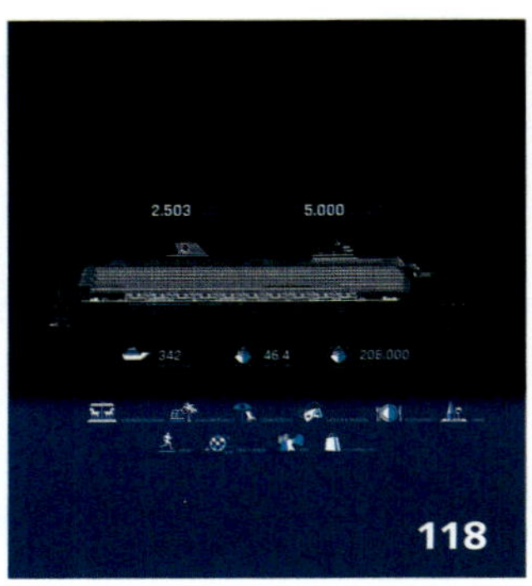

Wirtschaft: Asiens Kreuzfahrtboom rettet deutsche Ostseewerften

Titelbild

Das Bild des Golfstroms entlang der US-Ostküste und seiner vielen Nebenströme und Wirbel, den Eddies, komponierte Nasa-Forscher Greg Shirah 2012 mithilfe von Satelliten- und In-situ-Daten.

RUBRIKEN

Übrigens: *Ein schöner (Heft-)Rücken kann auch entzücken. Ein Fisch ist ein Fisch ist ein Fisch ...*

1 NEW YORK
„If you can make it there …" – damit war eigentlich nicht gemeint, dass man es möglicherweise gar nicht bis dorthin schafft. Selbst schuld, sagten die, die schuld waren. Alles andere wäre auch zu peinlich gewesen.
Seite 40

2 ST. ANTHONY
Das Leben ohne Strom sorgt unter anderem dafür, dass es in diesen Breiten keinen Golfplatz gibt. Dafür vielleicht Autos, die ähnlich heißen, weil dort nie Fußgängerwetter ist.
Seite 60

3 BARCELONA
Wer sich hier frei macht, wird gern von allem befreit. Hört sich nach besten Rahmenbedingungen für ausgelassene Ferien an. Und die Polizei zeigt sich gnädig: Sie lässt die Uniform im Schrank.
Seite 124

4 DOVER
Blöder Witz aus der Jugendzeit, leicht abgewandelt: „Ich will nicht nach Frankreich!" – „Halt die Klappe und schwimm weiter!" Man kann die Geschichte natürlich auch anders erzählen.
Seite 115

5 HULL
Weil, wie man dort sagt, zu viele Schiffe mit allen Händen verloren gingen, mussten die Frauen die lebenswichtige Sache selbst in die ihrigen nehmen.
Seite 48

6 SCHEVENINGEN
Seelenruhig zeichnen, das klingt nach Volkshochschulkurs für Stressgeplagte. Selten war eine Assoziation so weit von der Wirklichkeit entfernt.
Seite 94

7 LIMFJORD
Noch ein Teenagerwitz: „Dänen lügen nicht." Wir glauben auch als Erwachsene daran, wenn einer so unumstößliche Tatsachen verkündet wie der Botschafter der Ostreidae.
Seite 58

8 WISMAR
Auf der Baustelle des globalen Traums wuchsen die Hoffnungen derart schnell, dass manche nicht mehr schlafen konnten. Aber auch das, heißt es, sei letztlich eine Win-win-Situation.
Seite 118

No. 137
mare
Die Schauplätze

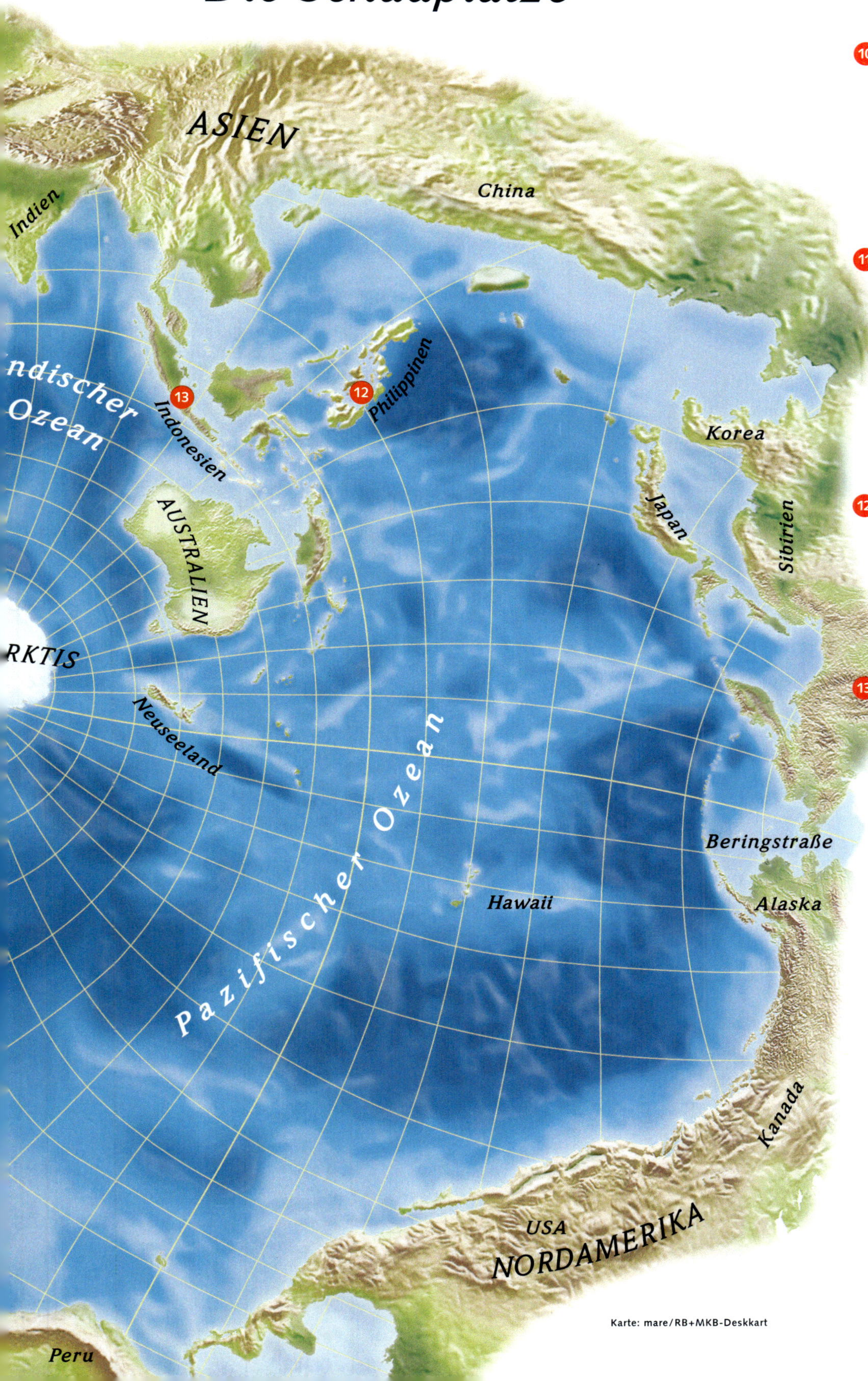

Karte: mare/RB+MKB-Deskkart

9 SWINEMÜNDE
Was wir nie geglaubt hätten und uns kaum über die Schullektüre hinweggeholfen hätte: Die heimische Kleinstadt fand der unvermeidliche Dichter spießbürgerlich, und herumgetrieben hat er sich am liebsten mit den Rowdys aus der Unterschicht.
Seite 104

10 MONTHEY
Hinter den sieben Bergen der US-amerikanischen Weltsicht liegt ein kleines Land mit den Anfangsbuchstaben „Sch“. Das Rätsel ließ sich lösen, und am Ende waren alle schlauer, weil ein paar sich einfach treiben ließen.
Seite 74

11 HALBINSEL KOLA
Hyper, hyper! Sieht nicht der Sänger von Scooter so aus, wie man sich dort den riesigen Übermenschen denkt? Ist er zurückgekehrt, um uns Ungläubige in den Wahnsinn zu treiben? Oder erledigen das die Chinesen heimlich, während sie vorgeben, auf der Suche nach dem Licht zu sein?
Seite 12

12 CEBU
Der Übersetzer wollte und konnte nichts mehr verstehen. Die anderen wollten nicht hören und mussten fühlen. Genaueres weiß man nicht, und das ist eigentlich das Traurigste an der Geschichte
Seite 34

13 JAKARTA
Gefällt das Alte nicht, muss was Neues her. Das Mantra der Wegwerfgesellschaft verursacht viele Probleme. Hier sind die Probleme die Ursache, und keiner mag daran denken, was sein wird, wenn sie einst weggespült sind.
Seite 126

Die mare-Weltkarte

Der Versuch, den Globus auf eine Weltkarte zu projizieren, quasi die Quadratur der Kugel, ist ohne Kompromisse zum Scheitern verurteilt. Und so sind es stets die Meere, die auseinandergerissen und verzerrt dargestellt werden. mare beschreitet mit seiner Weltkarte den umgekehrten Weg: Nach einer Projektion von Athelstan Spilhaus präsentieren wir die Meere und ihre Küsten so, wie sie tatsächlich zusammenhängen.

Das blaue Telefon

Ihre mare-Hotline in die unerforschten Weiten und Tiefen der Meere

Ihre maritimen Fragen können Sie per Telefon (0800/218 218 2, gebührenfrei) oder E-Mail (wat@mare.de) stellen. Es antworten Ihnen Ulrike Prange und Jana Nitsch von MARUM – Zentrum für Marine Umweltwissenschaften der Universität Bremen.

Wie kam das Wasser auf die Erde?

Irene Neideck-Schaan, per E-Mail

Die Erde ist zu etwa zwei Dritteln mit Wasser bedeckt – aber sie besteht nur zu etwa zwei Prozent aus Wasser. Woher das Wasser kommt, ist noch nicht endgültig geklärt. „Vermutlich stammt es aus zwei verschiedenen Quellen", so Andreas Vogel vom Olbers-Planetarium Bremen. „Ein Teil des irdischen Wassers scheint schon bei der Bildung der Erde, im Erdinneren gebunden, im Gestein vorhanden gewesen zu sein. Die Urwolken, aus denen sich die Erde gebildet hat, lagen allerdings nach gängiger Theorie innerhalb der sogenannten Schneegrenze", beschreibt Vogel. Es war also so warm, dass der größte Teil des vorhandenen Wassers verdampft und dann vom Sonnenwind in das äußere Sonnensystem getragen wurde. Das Wasser lässt sich aber bereits wenige hundert Millionen Jahre nach Bildung der Erde nachweisen. Ein Teil davon könnte also von Vorläuferplaneten – Planetesimale genannt – stammen, aus denen sich die Protoerde gebildet hat. Vermutlich ist anschließend schon diese Urerde von Asteroiden und Kometen aus dem äußeren Bereich des Sonnensystems getroffen worden, sodass sich die damals noch glutflüssige Erde auch mit Wasser angereichert hat. Dieses gebundene Wasser ist später durch intensiven Vulkanismus aus der Magma ausgedampft. Nachweisbar ist das durch sogenannte Kissenlava, die sich nur unter Wasser bildet. Ein großer Teil des Wassers stammt vermutlich von einem anschließenden, heftigen Asteroidenbeschuss. Das Wasser auf der Erde hat fast das identische Isotopenverhältnis von Wasserstoff zu Deuterium wie die Asteroiden außerhalb der Marsbahn. „Kometen scheinen interessanterweise nur verhältnismäßig wenig zur Gesamtmenge des Wassers auf der Erde beigetragen haben, da die außerhalb der Neptunbahn kreisenden Kometen typischerweise ein etwas anderes Deuterium-Wasserstoff-Verhältnis haben", sagt Vogel. Die Körper im äußeren Sonnensystem sind sehr viel wasser- beziehungsweise eisreicher.

Ein Großteil des Wassers der Erde stammt vermutlich von einem heftigen Asteroidenbeschuss

Warum ist die Ostsee aus ökologischer Sicht ein besonders gefährdetes Meer?

John Weitemeier, per E-Mail

Wie jedes Ökosystem ist auch die Ostsee durch viele Faktoren geprägt. Sowohl natürliche Prozesse als auch der Mensch haben großen Einfluss auf den Zustand des Nebenmeers. Allein die geologische Besonderheit, dass die Ostsee nur am Skagerrak eine Verbindung zur Nordsee hat, ist von großer Bedeutung für den Lebensraum. Denn nur an dieser Stelle kann Salzwasser in das Nebenmeer eindringen. Dem stehen gewaltige Süßwassermengen gegenüber, die über große Flüsse, wie die Oder und die Weichsel, in die Ostsee gelangen. Durch den ungleich verteilten Salzgehalt fühlen sich marine Fischarten wie auch Süßwasserarten in dem größten Brackwassergebiet der Welt wohl. Im Einzugsgebiet des rund 413 000 Quadratkilometer großen Nebenmeers, das ist etwas mehr als die Fläche Deutschlands, leben nahezu 85 Millionen Menschen. Hierdurch entstehen Probleme mit Unterwasserlärm und Fischerei. Außerdem geht natürlicher Lebensraum verloren, und nicht heimische Arten breiten sich zunehmend aus. Durch die neun Anrainerstaaten wird landwirtschaftlicher Dünger in die Ostsee gespült. Die Nährstoffe reichern sich im Meer an und werden nur langsam verdünnt. Das Oberflächenwasser und sauerstoffarme Tiefenwasser bleiben oft stabil geschichtet, da die vorherrschenden Windverhältnisse und fehlende Strömung das Wasser nicht ausreichend durchmischen. Dies führt in wärmeren Sommermonaten oft zu starken Algenblüten, die den geringen Sauerstoffgehalt im Wasser noch weiter aufzehren. Mit Sprengstoff aus dem Zweiten Weltkrieg, verschiedenen Großprojekten, wie etwa dem Bau der Öresundbrücke und von Offshore-Windenergieanlagen, Kiesabbau und Ölpipelines hinterlässt der Mensch immer mehr Spuren im Lebensraum Ostsee.

Insbesondere der hohe Nährstoffeintrag der Zuflüsse verursacht der Ostsee große Probleme

Weshalb holt man bei Sonnenuntergang die Landesflagge ein und hisst sie am Morgen wieder?

Michelle Brendel, per E-Mail

Flaggen gehören, wie Nationalhymnen, zu den Symbolen einer Gemeinschaft. Bundesflaggen, die den Heimathafen anzeigen, müssen laut Deutschem Flaggenrechtsgesetz an jedem Schiff gehisst sein. In anderen Hoheitsgebieten wird auch die Flagge des besuchten Gastlands geflaggt. Ein ungeschriebenes Gesetz sieht vor, dass in den Sommermonaten von acht Uhr morgens, in den übrigen Monaten von neun Uhr, bis Sonnenuntergang, spätestens jedoch bis 21 Uhr, die Flaggen wehen sollen. Das tägliche Ein- und Ausbringen wird im Segelsport „Flaggenparade" genannt. Die Bibliothek des Deutschen Schifffahrtsmuseums konnte in ihren Archiven hierzu den frühesten Nachweis im „Jahrbuch des Deutschen Segler-Verbands" von 1902 finden. Zu diesem Zeitpunkt war der Brauch allerdings bereits voll etabliert. Leider war in der Zusammenstellung der „Yachtgebräuche" nicht vermerkt, warum es diese Tradition gibt. Ein Grund könnte aber sein, dass farbige Stoffe früher recht teuer waren. Aus Respekt vor dem Nationalsymbol sollte die Flagge vor Wind und salziger Luft geschont werden und wurde so bei Dunkelheit eingeholt. Die Seemannsetikette gibt dabei vor, in welcher Reihenfolge die Flaggen an Bord eingeholt werden sollen. Laut dem Europäischen Segel-Informationssystem wird am Abend zuerst die Bundesflagge niedergeholt, danach folgt die Flagge des Gastlands.

Vermutlich waren die teuren farbigen Stoffe der Grund, weshalb Flaggen nachts geschont werden

SEIKO
AUTOMATIC
DIVER'S 200m
#DiscoverYourPlanet
PROSPEX
@seiko_deutschland
FOLLOW US ON INSTAGRAM

Das Ende von

Auf der arktischen Halbinsel Kola im äußersten Nordwesten Russlands haben die Menschen aufgehört, sich an den Staat zu klammern. Es ist keine Revolte oder noch keine Revolte, aber eine zunehmende Gleichgültigkeit gegenüber der Obrigkeit

Russland

Text: Viktor Jerofejew   Fotos: Céline Clanet

Vorhergehende Doppelseite **Mitternachtssonne in Teriberka. Das alte Fischerdorf ist für die Bürger der Halbinsel Kola einer der wenigen Zugänge zur Barentssee. Große Teile der Küste werden vom Militär genutzt oder sind wegen fehlender Straßen schwer zugänglich.**
Rechte Seite **Musiker feiern den 1. Mai. Man spürt das „sowjetische Gefühl" auf der Halbinsel, die von beiden Weltkriegen und dem Kalten Krieg geprägt ist**

„Sie wissen doch sicher, was Sieidis sind?"

Mit dieser Frage empfing mich mein künftiger Reiseleiter, ein Okkultist, kaum war ich mit meinem lila Rollkoffer aus dem Flughafengebäude in Murmansk getreten.

Ich hab davon gehört", sagte ich ausweichend und lächelte. „Ich hab davon gehört!", rief er süffisant, während er gastfreundlich meinen Koffer übernahm. „Möglicherweise haben Sie Ihr Leben umsonst gelebt, Sie sind ja gar nicht auf dem Laufenden! Darf ich mich vorstellen: Ich bin Sascha!"

Denkt man an die Halbinsel Kola, schießen einem massenhaft Assoziationen und Begriffe durch den Kopf: Mythos, Fantasie, Utopie, Wildheit, Nordlichter, Schlamm, Abertausende von unterirdischen Mineralien, Reichtum, Verfall, Militärbasen, Kälte, die bis in die Knochen kriecht, Lachs. Samen, Pomoren, Pomorinnen, kurz – ikonenhaftes Volk. Die Flut von Eindrücken haut einen um. Die Halbinsel Kola gleicht einem riesigen Felsblock, der jenseits des Polarkreises über einem schmalen Streifen des Weißen Meeres hängt. Allein ihre Form lässt die Herzen derjenigen höherschlagen, die einem alternativen Geschichtsbild anhängen. Denn nicht in Afrika, sondern gerade hier befinde sich, so ihre spleenige Theorie, die Wiege der Menschheit, das erste Weltreich – Hyperborea. Dort hätten vier Meter große Riesen gelebt, und Felsbrocken gab es, die aussehen wie die Halbinsel Kola, auf kleinere Steine gelegt. Diese seltsamen Gebilde, die an riesige Karren auf Rädern erinnern, seien ihre heiligen Altäre, Kultstätten – kurzum, die Sieidis gewesen! Und wer das nicht glauben will, ist ein Dummkopf! So jedenfalls sehen das die heutigen Anhänger der Hyperboreer.

Genauer gesagt, so sieht das ihr gemäßigter Flügel. Die radikalen Bewunderer der arktischen Riesen sind sich sicher, die Hyperboreer seien die Urväter der Menschheit gewesen, jene Arier, die im Grunde Slawen waren – die höchste Rasse, die Herren der Welt. Doch die seien zerschlagen worden durch weltweite Kleingeistigkeit, totgeschwiegen durch allerorts herrschende Pseudowissenschaft, zu einem Nichts reduziert durch die jüdische Weltverschwörung. All dem haftet natürlich ein übler Geruch an, nicht zuletzt, weil eines der Symbole für die heidnische Größe der Hyperboreer nach Ansicht ihrer Verehrer das Hakenkreuz war, allerdings gegen den Uhrzeigersinn gedreht.

Wenn man sich die Karte genauer anschaut, ähnelt Kola aber auch einem riesigen Zeugungsorgan, dick und mächtig ragt es bedrohlich über dem Weißen Meer auf. Was dieser deftige geografische Hinweis bedeutet, ist schwer zu sagen. Meiner Meinung nach kann er ebenso eine Metapher für hyperboreische Kraft sein wie auch ein beleidigendes Zeichen für die Verehrer der Hyperboreer: Lasst uns bloß in Ruhe mit eurem Quatsch!

Ich war einem Verehrer von Hyperborea in die Fänge geraten. Sascha, ein strammer Bursche, energisch, von kräftiger Physis wie ein Nachfahre der Giganten, zugleich aber schwächlich wirkend, mit dem verstörten Blick des armseligen putinschen Staatsbeamten. Unablässig versuchte er mich zu gewinnen, indem er buchstäblich in jeder Kombination von in der Tundra verstreuten Steinen geheimnisvolle Werke der großen Vorfahren sah.

Statt geradewegs ans Eismeer zu fahren, ließ er den Chauffeur Wolodja mitten in der Tundra bei ebensolchen Steinformationen anhalten. Ganz höflicher Tourist, trabte ich um die Steine herum, wobei ich im Schnee versank und tiefe Spuren hinterließ. Ich musste mich an den Felsblock lehnen und in dem Ganzen ein rituelles Muster sehen. Dann sollte ich darunterkriechen, mich ein wenig ducken und Energie aufladen, indem ich meinen Rücken an den Stein drückte. Die Fortsetzung brockte ich mir selbst ein, indem ich naiv fragte: „Und wie haben diese Hyperboreer solche Felsblöcke transportiert?"

Ich wurde mit einem Schwall von Erklärungen überschüttet. Offenbar waren sie nicht nur Kraftpakete, sondern sie konnten mithilfe einer inzwischen vergessenen Methode nach Belieben die Schwerkraft verringern und so Steine wie Flaumfedern umhertragen. Dann folgten blühende Fantasien, denen ich entnahm, dass die Hyperboreer die Vorfahren einer antiken Zivilisation gewesen seien.

Alle diese Offenbarungen wechselten ab mit Beschreibungen des Klimas in alten Zeiten, das auf der Halbinsel Kola ähnlich dem subtropischen mediterranen gewesen sei, und hernach habe eine Vergletscherung eingesetzt. Aber Zugvögeln sei das nördliche Paradies auf Erden sehr im

Gedächtnis haften geblieben, und deshalb verbrächten sie jedes Jahr hier auch ihre Sommerferien.

Ich blickte in die Runde zu meinen anderen Begleitern. Wolodja am Lenkrad schwieg beipflichtend, offenbar im Bewusstsein seiner Bedeutung als Nachfahre der Hyperboreer. Der Moskauer Künstler, der als Tourist an diesem Tag zusammen mit uns in der Tundra war, sah Sascha mit wachsenden Hassgefühlen an – er war von Haus aus Biologe und ließ okkulte Fantasien nicht an sich heran. Und Sergej, sozusagen mein Schutzengel aus Murmansk, der mich begleiten und mir bei Unterkunft und Transport behilflich sein sollte, nahm äußerlich eine neutrale Position ein. Er war im Hotelgewerbe tätig, und die fantastische Geschichte der Hyperboreer half ihm, Touristen hierherzulocken. Aber jetzt nahm ich endlich die Zügel in die Hand, und sobald wir diese rätselhaften Felsblöcke hinter uns gelassen hatten, bat ich als Gast aus Moskau darum, nun direkt zum Eismeer gefahren zu werden.

Auf dem Weg dorthin, der schlechter und schlechter wurde, begegneten uns auf den mit dürren arktischen Bäumchen bestandenen Feldern, auf Hügeln und in Sümpfen zahlreiche Felsblöcke in verschiedenen Lagen und Anordnungen – der Biologe knurrte, das sei alles das Ergebnis von Verschiebungen durch prähistorische Gletscher. Ich beschloss, nicht weiter zu diskutieren, und blickte schweigend aus dem Fenster des Kleinbusses.

Endlich fuhr ich am Rand der Welt entlang. Es war November. Ich hatte absichtlich den Spätherbst gewählt, um diese Erde ungeschminkt zu sehen, ohne haufenweise Touristen. Die Luft war buchstäblich gesättigt von diesem Licht, das ein Phänomen für sich darstellte. Es tauchte alles in grafisches Schwarz-Weiß: Natur, Menschen, Autos, Hunde, Vögel und Katzen – es zog gleichsam die Decke aus verschiedenen Farben fort und präsentierte eine Zeichnung nach seiner Vorstellung vom Wesen der Dinge. Nichts Überflüssiges. Minimalismus. Die Kargheit der Farben gab eine Ahnung von einer nackten Welt der Knochen und Sehnen. Das war die Natur der Vorhölle – ohne jeden Tand,

СОВКОМФЛОТ

Vorhergehende Doppelseite **Der Hafen Mischukowo vor Murmansk. Die Wärme der Schiffsbeleuchtung lässt die extrem kalte Luft kondensieren, der Öltanker scheint zu brennen.**
Oben **Polarnacht in Murmansk.**
Rechte Seite **Luba in einem Murmansker Café**

aber zumindest Hoffnung einflößend, dass die Existenz etwas Reales sei.

Das war natürlich nur die Vorbereitung auf den Anblick des Eismeers. Wir näherten uns dem Küstenort Teriberka, östlich von Murmansk.

Teriberka hat sich unlängst einen Namen gemacht, weil dort der nonkonformistische Film „Leviathan“ gedreht wurde, der von der Gemeinheit in der Welt und der Heuchelei des russischen Staats erzählt. Der Film, aufgenommen an der Küste der Barentssee, war voller erhebender und beklemmender Symbolik. Aber mich interessierte vor allem das wilde, felsige Ufer.

Doch zuerst fand eine unfreiwillige Begegnung mit dem Dorf statt, das man durchqueren musste. Eine Reihe von schäbigen Häusern, mit abgeblätterten Türen und Fensterrahmen. Am Grund eines Teichs oder eines Haffs lagen die Gerippe von Barkassen herum, die aussahen wie von Katzen abgenagte Fische. Am Zugang

29 Millionen Einwohner unserer Supermacht haben kein fließendes Wasser. Aber dafür haben wir fabelhafte Marschflugkörper mit Atomsprengköpfen

zum Meeresufer fuhren wir mitten in den Gestank einer brennenden Müllhalde hinein. Was für eine widernatürliche Szenerie! Denn die Müllhalde war größer als das Dorf und wirkte grenzenlos, geradezu kosmisch. Mit zugehaltener Nase kämpften wir uns durch den graublauen Qualm, rutschten durch Schnee und Müll, bis wir uns schließlich zum Ozean durchgeschlagen hatten.

Bis zum Wasser musste man allerdings noch ein Stück zu Fuß gehen, und auch hier gab es keinen Weg bis ans Ufer. Ich lief über grün und scharlachrot gefleckte schneebestäubte Bülten, und plötzlich spürte ich die ganze ungeheure Kraft des Polarwinds. Er drückte mir dermaßen gegen die Brust, dass es sich anfühlte wie die Umklammerung eines Bären. Rasch dämmerte der trübe Tag. Auf einmal lag der offene Ozean vor mir – von seinen Dimensionen her konnte er sich messen mit dem mythischen Hyperborea: Lang gestreckte Wolken sausten mit einer Ge-

schwindigkeit über den ganzen Himmel, als müssten sie den letzten Vorortzug noch erreichen, und stahlgraue Wogen brandeten gegen die Felsen, explodierten wie überschäumende Texte archaischer Legenden.

Es war bereits dunkel, als ich zum Bus zurückkehrte. Wir fuhren zum Abendessen in das einzige anständige Restaurant. An den großen Fenstern des einstöckigen Hotels, die keine vor Blicken schützenden Vorhänge hatten, saßen paarweise Leute. Neben sich Fernrohre, um den Hals große Feldstecher.

„Was sind das für Leute?", fragte ich leise. „Chinesen." – „Chinesen? Wie kommen Chinesen nach Teriberka?" – „Die sind hierhergekommen, um das Nordlicht zu sehen." – „Wie bitte? Aus China hierher, Tausende von Kilometern, um das Nordlicht zu sehen?" Vielleicht machten meine Begleiter ja einen Scherz? Aber als wir zur Abendessenszeit ins Restaurant kamen, strömte gleichzeitig mit uns ein ganzer Trupp Chinesen ins Restaurant, Männer und Frauen unterschiedlichen Alters, fröhlich und laut in ihrer Sprache sprechend. Der Restaurantchef, ein Mordskerl mittleren Alters, sagte zu mir, die Chinesen seien Nordlichtfanatiker. Auch er hätte ein Nachfahre der Riesen sein können, aber ich fragte ihn nicht nach seinen Vorfahren, sondern nach den verwahrlosten Häusern und der Müllhalde.

„Ist Ihnen das nicht peinlich vor den Chinesen?" Ich blickte mich nach ihnen um. Sie saßen da und tranken friedlich ihr Bier. Man hatte das Gefühl, dass die chinesische Invasion schon stattgefunden und sich als überaus freundschaftlich erwiesen hatte. „Interessant, wie viele Spione dabei sind", sagte Sascha, der Okkultist. Der Restaurantchef zischte ihn an, als hätte er Angst, seine zahlenden Gäste zu vergraulen. „Dabei hat unser Staat doch versprochen, die Arktis mit allen Mitteln zu erschließen …", sagte ich. Der Restaurantchef machte ein hilfloses Gesicht.

Ich hakte nicht nach, und er schenkte mir, vielleicht als Belohnung für mein Feingefühl, zum Abschied ein Stück Amethystquarz, darin schimmerten Körnchen des Edelsteins. Ich trat aus dem Restaurant in die arktische Kälte und musste unwillkürlich an eine furchtbare offizielle Statistik denken. 39 Millionen unserer Bürger leben ohne beheizte Toilette – stattdessen mit stinkenden hölzernen Plumpsklos im Hof, weshalb Frauen permanent an Blasenentzündung leiden. 29 Millionen Einwohner unserer Supermacht haben kein fließendes Wasser. Aber dafür haben wir fabelhafte Marschflugkörper mit Atomsprengköpfen, obwohl in unserer Armee die Fußlappen bis heute noch nicht ganz verschwunden sind …

Auf dem Rückweg hielt unser Bus unerwartet an, und der Chauffeur rief aus: „Da ist es!" Ich sprang aus dem Bus auf die Straße, legte den Kopf in den

Nacken. Zum ersten Mal sah ich das Nordlicht. Es schimmerte in grünlichen Tönen und bildete drei über den ganzen Himmel gepflügte Furchen, die eine Art mystisches Entzücken auslösten. Ein himmlisches, mit nichts zu vergleichendes Gemälde! „Ich habe extra für Sie an entsprechender Stelle darum gebeten", flüsterte mir Sascha, unser liebenswerter Okkultist, ins Ohr.

Der Süden Frankreichs gilt weltweit als der Inbegriff für Badeurlaub, doch auch unser Sieidi-Felsblock, die Halbinsel Kola, hat seinen Süden – die Nordküste des Weißen Meeres. Für den Sommerurlaub stehen am Ufer verstreut Ferienheime und Pensionen mit traditioneller russischer Banja bereit. Allerdings ist das Weiße Meer auch die frühere Welt von Stalins Gulag, denn eben hier liegen die vom Blut erschossener Gefangener getränkten Solowezker Inseln (mare No. 125).

Irgendwo auf halber Strecke zum Weißen Meer biegen wir von der Schnellstraße ab und fahren zum Dorf Lowosero, einem Zentrum der samischen Kultur. Die Samen leben in Norwegen, Schweden, Finnland und auf der Kolahalbinsel. Hier sind sie wenige, nur 2000. Wir werden freudig begrüßt von zwei jungen Männern in rot-blauer samischer Tracht. Ihr größter Reichtum, eine Herde nordischer Rentiere, befindet sich gerade auf weit entfernten Weiden in der Tundra. Wir laufen in hohen Anglerstiefeln am Fluss entlang durch die Ortschaft. Das Dorf wirkt nicht arm, es gibt solide zweistöckige Häuser. Eine Gegend mit Wäldern voller Pilze, mit Seen und klaren Flüssen, die jedes Anglerherz höherschlagen lassen – ein starker Touristenmagnet. Die Gegend erinnert an Alaska. Betuchte Angler aus England kommen zum Lachsfischen hierher.

In der Dorfbibliothek haben sich Menschen versammelt, um mich über Moskau sprechen zu hören und von sich zu erzählen. Am interessantesten ist natürlich die reiche verzweigte samische Mythologie, die sich in vielem auf die besagten Sieidis stützt. Doch diesmal mildert die Schönheit der Mythen meine Skepsis. In Lowosero befinden wir uns in der Hochburg des alten Schamanismus. Schamanische Riten wurden stets unmittelbar bei einem Sieidi vollzogen, nach dem Verständnis der Samen dem steingewordenen Symbol der Weltsäule. In den Sieidis sollen Geister wohnen, die Rentierherden besitzen, heiraten, fliegen und sich in Tiere verwandeln können. Sie können dem Menschen schaden und ihm helfen, deshalb fordern sie Ehrfurcht ein.

„Für uns Samen ist die Erde ein Lebewesen", erzählte man mir in der samischen Ortsbibliothek. „Die Bäume und das Gras sind die Haare. Man darf der Erde nicht wehtun, man darf sie nicht verletzen. Die heutige Zivilisation tötet aber die Erde. Das samische Para-

dies nach dem Tod befindet sich auf einem hohen Berg und existiert nur für Auserwählte: Schamanen, Krieger und Frauen, die im Kindbett gestorben sind. Alle anderen gehen ein in das Haus des Todes …"

Mir erschien dieses System ungerecht, doch ich kam nicht dazu, meine Meinung zu äußern – man bat zum Essen. Wir saßen in einem separaten Raum des Restaurants und aßen leckere Sachen: marinierte Reizker, Püree aus Preisel- und Moosbeeren zu Pelmeni mit Rentierfleisch und Bärensteak. „Sie sehen fast aus wie ein Same", sagte der Besitzer des Lokals zu mir. „Seht ihn euch an", wandte er sich an meine Tischgenossen, „wie seine Augen geschnitten sind, die breite Nase, die dicken Lippen …" Ich klimperte mit meinen „samischen" Lidern: „Meine Mutter hatte tatsächlich etwas Nordisches …" „Bleiben Sie bei uns", fanden alle. „Ich denke darüber nach", sagte ich versöhnlich.

„Sie sehen fast aus wie ein Same", sagte der Besitzer des Lokals zu mir. „Bleiben Sie bei uns", fanden alle. „Ich denke darüber nach", sagte ich versöhnlich

Linke Seite **Wanja und Edik in Krasnoschtschelje, einer Siedlung auf Kola, die hauptsächlich von Rentierzüchtern bewohnt ist.**
Oben **Es gibt keine Straßen, um nach Krasnoschtschelje zu gelangen. Man muss das Schneemobil, den Helikopter oder das Geländefahrzeug nehmen**

Das Essen wurde fortgesetzt, während man eine Schauergeschichte über die Noaiden, die örtlichen Schamanen, zum Besten gab. Wenn sie gestorben sind, würden sie zu gefährlichen Toten: Sie können die Seele eines Lebenden verschleppen.

„Bei uns ist neulich ein Schamane gestorben", erzählte man mir beim Essen, „und keiner konnte sich durchringen, ihn zu beerdigen. Ein anderer Noaide hat das schließlich auf sich genommen. Er ist mit dem Toten nachts Richtung Waldfriedhof gefahren. Einmal hat er sich umgedreht, da saß der Tote aufrecht im Schlitten. Da hat er ein Messer gezückt und gedroht, er müsse jetzt ein zweites Mal sterben. Das war ein Fehler – einen Schamanen muss man mit einem Knüppel aus Holz töten und nicht mit einem Messer aus Metall. Bei dieser Drohung sind dem Verstorbenen Eisenzähne gewachsen. Unser Noaide ist vor Schreck auf eine hohe Fichte geklettert. Der Tote hat angefangen, seine Eisenzähne in den Stamm zu hauen. Daraufhin

hat der Schamane oben im Baumwipfel zu krähen angefangen wie ein Hahn, um den Toten zu erschrecken, aber der ist erst im Morgengrauen in seinen Sarg zurück. Der Schamane hat seinen Kollegen begraben, mit dem Sarg auf der Seite liegend, damit er nicht wieder aufsteht. Aber wenn Leute vorbeigehen, dann hören sie, wie der Tote in seinem Grab wimmert."

„Und, wie schmeckt das Bärenfleisch?", fragte mich der Koch. „Wie bitte? Bärenfleisch?", fragte ich verwirrt.

Aus irgendeinem Grund lehnte ich ab, bei den Samen in dem für mich vorbereiteten Hotelzimmer zu nächtigen.

Auf der „Kola-Fernstraße", die Murmansk mit Sankt Petersburg verbindet, bretterten wir in den arktischen Süden. In Montschegorsk, einer Stadt mit schlechtem Ruf, hielten wir, um zu tanken. Vor ungefähr 20 Jahren hatte die Stadt ihre eigene Gruselgeschichte: Durch die Emissionen des Kombinats

„Und, wie schmeckt das Bärenfleisch?", fragte mich der Koch. „Wie bitte? Bärenfleisch?", fragte ich verwirrt

Oben **Der Ort Lowosero ist das Herz der russischen samischen Kultur. Hier werden Rentiere markiert, geimpft und können dann frei in die Tundra zurückkehren.**
Rechte Seite **Mark ist Künstler und arbeitet im Murmansker Kunstmuseum**

„Seweronickel" war die Landschaft großflächig verseucht worden. Die umliegenden Hügel waren nur noch verbrannte Felsen mit toten Baumgerippen. Und auch wenn es jetzt selbst in den Abendstunden in der Stadt qualmte, was das Zeug hielt, behauptete unser Fahrer Wolodja, durch neue Filter hätte man die Katastrophe wohl halbwegs in den Griff bekommen; in der Umgebung der Stadt seien sogar wieder Bären und Elche aufgetaucht.

„Ich war mal in einer ganz ähnlichen Stadt, in Nikel an der norwegischen Grenze", sagte ich. „Da steht der Gestank geradezu mitten in der Stadt. Und auf dem Friedhof liegen junge Leute, 30-Jährige – die ökologische Situation ist verheerend."

Der Chauffeur schwieg taktvoll.

Es war bereits Nacht, als wir Umba erreichten, eine Stadt am Weißen Meer. Man brachte uns zu einer Feriensiedlung am Strand – die Übernachtung dort war angenehm. Dann trat die örtliche Reise-

leiterin auf den Plan. Strenges sowjetisches Aussehen. Sie zeigte uns die Schönheiten der Küste, Mündungen von zwei rauschenden Flüssen, Erholungsorte am Weißen Meer. Es ging ein warmer Wind. Nach dem arktischen Wahnsinn kam mir das Weiße Meer wie ein süßer Traum vor. Die Reiseleiterin wollte uns unbedingt noch das touristische Highlight zeigen – den „Baum der Wünsche", aber ich sagte, dass für mich die hiesigen Menschen wünschenswerter seien als Bäume. Sie war verunsichert, witterte irgendwelche Hintergedanken.

Es gelang mir, ein Treffen mit der Direktorin der örtlichen Fischfabrik zu vereinbaren. Als ich sie sah, schien mir, Anastassia Nikolajewna mit ihrem länglichen Gesicht und dem kontemplativen Blick sei geradewegs einer russischen Ikone entsprungen. Umba, eine der ältesten Pomorensiedlungen auf der Kolahalbinsel, erstmals 1466 urkundlich erwähnt, gehörte zunächst zur Domäne des Solowezker Klosters, das 1765 hier die Christi-Auferstehung-Kirche erbauen ließ. Die Pomoren, historisch aus Nowgorod und Pskow stammend, entwickelten im rauen Norden einen stoischen Charakter.

Anastassia Nikolajewna leitet die Fabrik, die keine Fischkonserven herstellt, sondern im Gegenteil Fische züchtet, hauptsächlich Atlantiklachs. Ungefähr 200 000 einjährige Jungfische im Jahr werden ins Meer entlassen. Die Direktorin zeigte mir den gesamten Produktionsprozess, von der Befruchtung des Fischs auf einer speziellen Vorrichtung, die aussah wie ein gynäkologischer Stuhl für Fische, bis zur Aufzucht der Babylachse. In zwölf Becken tummelten sich winzig kleine Fische, die kaum Ähnlichkeit hatten mit den großen silbrig schimmernden Lachsen (auf Russisch heißen sie *sjomga*).

„Für wen züchten Sie *sjomga*?", fragte ich. „Die werden doch massenhaft zur Beute von hiesigen Wilderern!" Anastassia Nikolajewna lächelte traurig. „Ich esse Fisch gar nicht gern", sagte sie plötzlich. „Aber züchten – das ist etwas anderes."

An uns vorbei gingen ihre Mitarbeiter, meistens Frauen, ebenfalls mit ausgesprochen ikonenhaften Gesichtern. Auch in der Stadt begegneten einem auf den speziellen hölzernen, wegen des ewig feuchten Bodens leicht angehobenen Gehwegen allenthalben Ikonengesichter. Sie unterschieden sich stark vom Äußeren unserer Reiseleiterin, die mir übrigens gestand, sie habe früher bei der sowjetischen Miliz gearbeitet.

Dieses Geständnis machte sie mir in der Küche der Wohnung von Viktor, einem einheimischen Schriftsteller, der früher bei der Miliz als Ermittler gearbeitet hatte und ihr vorgesetzter Kollege war. Viktor wollte mich treffen und – im Geiste der ewigen russischen Küchengespräche – mit mir „Tee" trinken, was in den hiesigen Breiten mit 40-Prozentigem beginnt. Riesig wie einer der legendären Helden bei Rabelais (Sie haben sicher bemerkt, wie viele nordische Hünen in meiner Geschichte auftreten), erwies sich der ehemalige Ermittler als kritisch denkender Bürger meines Landes, der vieles, was im Staatsfernsehen verbreitet wird, für schwachsinnige Propaganda hält. Was die Kriminalität in Umba angehe, so reduziere sie sich hauptsächlich auf den Diebstahl von Fischfanggerät, Booten und dergleichen maritimen Gegenständen. Vom Thema Diebstahl ging Viktor allmählich über zur Beurteilung der gesamten Menschheit. Die größte Sünde war für ihn der Verrat.

„Ich hatte einmal so einen Fall. Ein Mann betrog seine Ehefrau mit einer Jüngeren. Sie kam zu mir und sagte, er habe dem Nachbarn Angelzeug gestohlen und es im Schrank versteckt. Ich sagte zu ihr: Wissen Sie schon lange von diesem Diebstahl? Schon lange! Warum haben Sie das nicht früher angezeigt? Ich kann Sie wegen Unterlassung zur Verantwortung ziehen. Sie flehte mich an ... Trinken wir?" Wir kippten einen. „Überhaupt verraten die Leute gern ihre Mitmenschen, egal ob Bekannte oder Verwandte. Das gibt irgendwie einen ganz besonderen Kick!"

Um nicht auf einer so pessimistischen Note auseinanderzugehen, riefen wir einen Schriftsteller in Moskau an, einen Bekannten von mir, den er über alles verehrte, und dann versicherten wir uns lange unserer gegenseitigen Zuneigung, bis unsere Reiseleiterin verkündete, dass der Bus schon auf mich warte. „Übrigens", sagte plötzlich Viktor, der sich völlig zugequalmt hatte, „Kolahalbinsel bedeutet auf Finno-Ugrisch Fischhalbinsel."

Dann fotografierten wir uns noch lange, machten Selfies mit ihm und der Reiseleiterin, tranken mehrmals ein letztes Gläschen zum Abschied, schimpften zu guter Letzt noch ein paarmal auf das Putin-Regime und stapften dann endlich unter einem Nachthimmel voller riesiger nordischer Sterne untergehakt zum Bus.

In Murmansk lungerte ich auf meinem Hotelbett herum und las in der samischen Mythologie über das Ende der Welt, als Sergej an meine Tür klopfte. „Hätten Sie Lust auf ein bisschen Schwimmen und Saunen in unserem tollen Aquapark? Und eine Partie Billard? Sie können doch

nicht die ganze Zeit in der Eiseskälte herumfahren!" – „Und wo ist dieser Aquapark?" – „Den hat Putin bauen lassen, jedenfalls wird das behauptet." – „Wieso das denn?" – „Zu Ehren der umgekommenen Matrosen der ‚Kursk'." – Ich richtete mich im Bett auf und sah Sergej aufmerksam an: „Stimmt das denn?" – „Der Aquapark wurde im Dorf Widjajewo gebaut, im SATO. Von dort ist die ‚Kursk' ausgelaufen und nicht zurückgekehrt." Ich setzte mich auf die Bettkante, dann stand ich auf. Im Zimmer war Aufregung zu spüren. Natürlich hatte ich von diesem SATO gehört.

„Geschlossene Administrativ-Territoriale Gebilde" entstanden in der UdSSR erstmals im Jahr 1946 während der Arbeit an einem atomaren Projekt, das unter der Aufsicht Stalins stand. Diese sogenannten „geschlossenen" Städte wurden streng geheim gehalten. Heute gibt es in Russland noch 39 solcher SATOs mit unterschiedlichem Grad der Zugänglichkeit.

„Ich bin dabei, gehen wir in den Aquapark", sagte ich, „aber wie kommt man da hinein?" – „Russischer Pass und Badehose reichen." Wir fuhren auf der Fernstraße E-105 in Richtung Norwegen. Unser neuer Fahrer Oleg kannte die Strecke gut, er brachte oft fliegende Händler und Touristen in das norwegische Grenzstädtchen Kirkenes. Auch ich bin da einmal gewesen, auf einem Kunstfestival, und ich hatte den Eindruck, kaum hat man die norwegische Grenze überquert, beginnt eine Art Polar-Kalifornien. Fruchtbare, gepflegte Erde mit bewaldeten Hügeln, gute Restaurants, städtische Eisbahnen, auf denen zur Musik hübsch gekleidete Pärchen ihre Runden drehen, dann vielleicht ein Bier trinken gehen und später (je nach Wunsch) in gemütlichen Hotels, die nach Holz duften, Liebe machen.

„Und, wie finden Sie Norwegen?", fragte ich unseren Fahrer Oleg. In Anbetracht seiner modischen europäischen Kleidung war meine Frage eher rhetorisch; er zuckte nur erstaunt mit den Schultern, im Sinne von: Da fragen Sie den Richtigen! Super, natürlich! Mein ewiger Okkultist Sascha und mein Schutzengel Sergej dagegen waren anderer Ansicht: „Das erste Mal ist es interessant, aber dann bloß teuer und langweilig!", sagte der Okkultist.

„Bei uns geht's lustiger zu!", stimmte Sergej ein, der normalerweise nicht mit dem Okkultisten einer Meinung war. „Bei unserem Leben weißt du nie, was als Nächstes kommt", erklärte er. „Permanent musst du eine Wahl treffen. Das ist interessanter als jedes Computerspiel, näher an der Natur." – „Na ja …", sagte ich irritiert, „für solche Spiele müssen wir teuer bezahlen: Armut, Folter in den Gefängnissen, keine vernünftige medizinische Versorgung und keine normalen Schulen."

„Das ist der Preis, das Leben ist ein großes Spiel", sagte Sergej. „Genau deswegen haben wir so schöne Mädchen. Sie

haben nichts im Kopf, leben einfach drauflos.“ – „Mmh“, stimmte der Okkultist zu.

Und so fanden sich der Positivist und der Schamanenverehrer in einer Mannschaft wieder, indem sie gegen die Langeweile des europäischen Lebens wetterten. Während wir über den Unterschied zwischen Europa und russischer Fröhlichkeit diskutierten, war unser Bus längst von der E-105 in Richtung SATO abgebogen.

Wir hielten vor sperrangelweit offen stehenden Toren, hinter denen endlose Tunnel im Innern der Hügel zu sehen waren. Wir betraten die unterirdische Welt einer ihrem Schicksal überlassenen Atomwaffendeponie. Vergleichbar mit dem, was ich in Balaklawa auf der Krim gesehen hatte. Hier präsentierte sich diese arktische Vorhölle als marode Infrastruktur einer ehemaligen Supermacht. Wir streiften im Schein von Taschenlampen umher und verließen die Anlage rasch wieder – angewidert und deprimiert. Es war, als hätte diese Welt einer durch einen Atomkrieg zerstörten Zivilisation angehört.

„Das Leben ist ein großes Spiel“, sagte Sergej. „Genau deshalb haben wir so schöne Mädchen. Sie haben nichts im Kopf, leben einfach drauflos“

Vorhergehende Doppelseite **Apartments in der früheren Militärstadt Rosljakowo.** *Linke Seite* **Ein Platz in Mursmansk.** *Oben* **Jewgenia arbeitete als Funkerin für die sowjetische Armee und ist immer noch leidenschaftliche Patriotin**

Die Lager waren dermaßen demoliert, dass sie nicht einmal mehr zum heutigen Territorium des SATO zählten. Dieses begann hinter dem Dorf Ura-Guba, was auf Russisch klingt wie der Anfang eines heidnischen Mantras. Wir wurden angehalten, man kontrollierte die Anmeldung für den Aquapark, die Pässe sowie den Kofferraum des Autos und fragte uns nochmals:

„Sie wollen in den Aquapark?“

Wir antworteten ehrlich mit Ja, aber Sergej präzisierte: „Davor wollen wir noch ein bisschen an der Bucht entlanglaufen.“

Niemand hatte etwas dagegen. Wir fuhren bis an die Bucht und stiegen aus. Die Szenerie hier war noch fantastischer als in Teriberka. Auf dem ausgetrockneten Grund beim Ufer lag eine riesengroße halb verrottete Zigarre – früher ein U-Boot für Forschungszwecke. Ich sah

Rechte Seite **Rentierhirte Wasja auf Rybatschij, der Fischerhalbinsel. Sie liegt nahe an der Grenze zu Norwegen.**
Darauffolgende Seite **Die Karte von Kola. Die Halbinsel im äußersten Nordwesten Russlands ist mit 100 000 Quadratkilometern so groß wie Island. Kola gehört zum sogenannten Arktischen Kreis**

mich um. Alles hier befand sich im Zustand totaler Entropie. Ein halb auseinandergefallener Militärlastwagen stand am Wegesrand – er war irgendwohin gefahren und nirgendwo angekommen. Und weiter weg linker Hand waren an einer Anlegestelle zwei neue schwarze Zigarren mit Atomsprengköpfen auszumachen.

„Die kosten mindestens so viel wie eine ganze Stadt", sagte Sergej. „Fahren wir zum Schwimmen!" Wir gerieten in eine noch rätselhaftere Welt. Vor uns erstreckte sich eine Straße mit Häusern, deren Fenster und Eingänge fest verrammelt waren. Der Surrealist René Magritte wäre vor Neid erblasst ob so einer metaphysischen Landschaft. Betäubende Stille. Im Zentrum dieser Stadtwüste erhob sich ein Denkmal für Fjodor Alexejewitsch Widjajew, den sowjetischen U-Boot-Fahrer und erfolgreichen Kapitän der Nordflotte im Zweiten Weltkrieg. Hinter dem Denkmal war ein mehrstöckiges Haus zu sehen. Davor fielen mir Autos ins Auge, wie Kadaver in ihre Bestandteile zerfallen. Die Familien der umgekommenen Seeleute hatte man irgendwo über Russland verteilt, und die Autos waren unberührt zurückgelassen worden.

An der Tür eines verrammelten Hauseingangs stand geschrieben: „Gefahrenzone". Vermutlich nicht, weil sich dort Gespenster niedergelassen hatten, sondern wegen Einsturzgefahr. Neben dem Hauseingang hing ein sowjetischer blauer Postkasten – wie sie überall in der UdSSR zu Tausenden einst hingen und irgendwo immer noch hängen, um Post aufzunehmen. Doch dieser Postkasten weinte. An den Seiten verrottet und verrostet, hing er schief in den Angeln und weinte: Rostige Tränen kullerten an beiden Seiten herab. In diesen weinenden Postkasten – in den Schlitz für Briefe – hatte irgendwann irgendjemand eine rote Plastiknelke gesteckt. Auch sie war halb verrottet und unterstrich den moribunden Charakter des Postkastens.

Es schien, als habe er den ganzen Schmerz der Welt in sich aufgenommen. Er weinte um die umgekommenen Matrosen, die zerstörten Familien, die verlassenen Witwen, die verblassende Erinnerung, den unausweichlichen Tod, eine Liebe, leer wie ein Briefumschlag ohne Brief. Er weinte für alle: für Sie, für mich. Eine Ruine, die sich selbst schon bald in Nichts auflösen würde. Aber noch besaß der Postkasten eine metallene, wenn auch verrostende Hülle. Mit allerletzter Kraft war er ein Übermittler von Bedeutungen, die im Übrigen versunken und verloren sind.

„Leb wohl", sagte ich.

Wir fuhren an dem imposanten Aquapark vor, der aussah wie ein üppiger Begräbniskranz, ein Almosen vom Kreml für all das Leid, wie ein Knebel im schiefen Mund. Springbrunnen, Wasserrutschen, Jacuzzis und dergleichen Schnickschnack. Die Kinder des Aquapark-Wachpersonals tollten unter fröhlichem Gekreisch mit bunten Bällen im Wasser herum. Ich ging ins Dampfbad und war ganz schnell wieder draußen: Mir schien, es sei voller toter Matrosen, 118 russische Helden drängten sich zusammen im Dunst, und außerdem einige (wie könnte es ohne sie gehen!) Chinesen (laut Gerüchten befanden sich an Bord des U-Boots in den Listen der Opfer nicht aufgeführte chinesische Offiziere). Aber davon erzählte ich – pssst! – niemandem etwas.

Ich habe meine Reise in Murmansk angetreten, und in Murmansk will ich sie beenden. Begonnen habe ich mit einer Vorlesung für Studenten der dortigen Universität. Die neue, unbeschädigte Generation, die nicht in der UdSSR gelebt hat, beeindruckte mich durch ihre innere Freiheit, die sich in erstaunten Gesichtern zeigte, in extravaganten Frisuren und der Fähigkeit zuzuhören und zu verstehen.

Erbaut wurde Murmansk als Marinebasis für den Kontakt zu den Bündnispartnern im Ersten Weltkrieg. Zu Ehren des Zaren nannte man die Stadt zunächst Romanow am Murman, aber dieser Name hielt sich nicht lange: Der Zar wurde ja schon 1918 erschossen. Und nun hat man den Murmansker Flughafen als Zeichen der Reue nach Nikolaj II. benannt.

Murmansk ist von seiner Architektur her eine sowjetische Stadt. Ziemlich hässlich. Grind am Körper der Halbinsel Kola. An der Hauptstraße breitet sich vor aller Augen hinter Stacheldraht das Gebäude des Inlandsgeheimdiensts FSB aus – na klar, gleich nebenan verläuft ja schon die Grenze zur NATO, und jenseits des Ozeans hinterm Nordpol liegt Amerika, oh Schreck!

Aber die Einwohner von Murmansk leben irgendwie getrennt vom Staat, tangential zur derzeitigen nationalistischen Ideologie. Sie haben ein paar sehr gute Restaurants hier. Da gibt es Krabben, die hinsichtlich der Scherengröße ihren Artgenossen von Kamtschatka in nichts nachstehen. Die sind teuer, die kann sich selbstverständlich nicht jeder leisten. Aber ich habe Krabben und andere Früchte des Eismeers probiert wie Seeigel mit ihrem orangefarbenen Innern und Jakobsmuscheln, doppelt so dick wie Damesteine. Es gab auch noch eine erstaunliche Suppe aus Steinpilzen, teuer, zugegeben, aber die hiesige Intelligenzia, deren kleiner, erfolgreicher Teil sich in eine wohlhabende Mittelklasse verwandelt hat und sogar in Banker, hatte mich zu dieser gastronomischen Ausschweifung eingeladen.

Hier in Murmansk habe ich bemerkt, dass die Hände der Menschen gleichsam losgelassen haben – sie haben aufgehört, sich an den Staat zu klammern. Die Menschen bewegen sich in ihrem privaten Fahrwasser und lassen sich schon nicht mehr von der patriotischen Propaganda des russischen Staatsfernsehens leiten. Das ist keine Revolte oder noch keine Revolte, sondern wachsende Gleichgültig-

keit gegenüber den Kommandos der Obrigkeit. Man hat das Gefühl, dass der gefrorene Boden des autoritären Regimes sich in einen schmatzenden Sumpf verwandelt hat, und das nicht, weil Tauwetter eingesetzt hätte, sondern weil sich im Bewusstsein der Menschen das Binnenklima verändert hat. Wie weggefegt sind Hoffnung, Illusionen, Glauben an Versprechungen – Nüchternheit ist eingetreten.

Ich stehe in Murmansk vor einem kürzlich errichteten Denkmal, das eine unbekannte junge Frau in kniekurzem Kleid mit erhobenem linkem Arm darstellt. Die Frau blickt auf die Bucht. Das Denkmal selbst ist so lala, ziemlich stümperhaft ausgeführt, doch die Inschrift ist bedeutsam: „Denjenigen, die warten können". Ich drehe mich zu der Reiseleiterin um, einer noch sehr sowjetisch aussehenden älteren Frau mit stechendem Blick (meiner Reiseleiterin in Umba ziemlich ähnlich). Sie erzählt mir von Seemannsfrauen, die auf ihre Männer warten, und ich sage ernst:

„Das ist ein Denkmal für alle Einwohner unseres Landes. Sind wir doch alle diejenigen, die warten können."

Und plötzlich fängt diese Frau, von der schwerlich ein entwickelter Sinn für Humor zu erwarten war, zu lachen an und wirft ihr ganzes Pathos der städtischen Reiseleiterin über Bord:

„Wie recht Sie haben."

Als wir ins Auto einsteigen, erzählt sie unserem älteren Fahrer, was ich gesagt habe. Der räuspert sich auf Altmännerart und lacht ebenfalls: „Stimmt."

Hätte ich vor zwei, drei Jahren so etwas gesagt, hätten diese einfachen Leute in der Provinz mich schlicht nicht verstanden oder sich sogar beleidigt gefühlt. Aber jetzt, sieh mal einer an, lachen sie.

Wir fuhren los, um weitere Sehenswürdigkeiten der Stadt zu besichtigen, und ich dachte: Es ist an der Zeit, „Denjenigen, die des Wartens müde sind", ein Denkmal zu errichten.

Die Menschen hier auf der Halbinsel Kola fürchten natürlich abrupte Veränderungen, radikale Ereignisse und Revolutionen – in Russland, das durch die Revolution schwer gelitten hat, glaubt kaum jemand an einen Nutzen durch sie. Aber Veränderungen, die will man.

Die Menschen hier lassen sich schon nicht mehr von der patriotischen Propaganda des russischen Staatsfernsehens leiten

Bei den regionalen Gouverneurswahlen stimmten die Leute für alle möglichen Kandidaten, nur nicht für die Regierungspartei, welcher der Präsident persönlich seinen Segen erteilt hatte. Meine Murmansker Gesprächspartner beginnen alles klarzusehen: Die Herrschenden leben in Saus und Braus, in mehrstöckigen Stadtwohnungen und Palästen außerhalb der Stadt, und sie haben keinerlei brauchbare Ideologie. Die Idee, die Länder der Sowjetunion wieder zusammenzubringen, funktioniert nicht. Die russisch-orthodoxe Kirche entwickelt sich wegen des fundamentalen Konflikts mit dem Patriarchen von Konstantinopel infolge der Unabhängigkeitsbestrebungen der ukrainischen Kirche zu einer lokal begrenzten Religion. Der Krieg mit der Ukraine beraubt Russland im Grunde seiner historischen Wurzeln in der Kiewer Rus und seiner Nähe zu Europa. Unsere historische Existenz beginnt nun mit der Hölle des tatarisch-mongolischen Jochs und den Despotien der darauf folgenden Moskauer Zaren.

Aber hier, auf der Halbinsel Kola, existiert eine eigene historische Zeitrechnung. Die Pomoren haben nie unter dem tatarisch-mongolischen Joch gelebt. Heute bedeutet die Nähe zu Norwegen und Finnland europäischen Einfluss. Über „Langeweile" lässt sich trefflich streiten, aber vielen sind die Rechtsordnungen der westlichen Nachbarländer zunehmend nah und verständlich.

Die Anzahl derjenigen, die mit ihrem Leben zufrieden sind, geht zurück. Die Eliten wissen, dass jetzt jeder Funktionär im Gefängnis landen kann. Die Intelligenzia weiß, dass es keine Unantastbaren gibt. Mehr und mehr gesellschaftliche Bereiche sind von offenem oder unausgesprochenem Verbot bedroht.

Ein eisiger politischer Winter schien anzubrechen, doch nein – stattdessen Sumpf, Schlamm, Misstrauen gegenüber dem Staat. Entweder Weltkrieg. Oder Veränderungen. Etwas anderes gibt es für das heutige Russland nicht. Muss ich, um in Würde zu überleben, letzten Endes zu den Ikonenfrauen der Stadt Umba am Weißen Meer fliehen? Oder, besser noch, mich unter einem heiligen mythischen Sieidi verstecken? ⚭

Aus dem Russischen von Beate Rausch

Viktor Jerofejew, Jahrgang 1947, führender russischer Schriftsteller, Essayist und Kosmopolit, war auf seiner Reise über die Halbinsel Kola vor allem davon beeindruckt, dass die Menschen aufgehört haben, sich an den Staat zu klammern. „Man könnte es eine geologische Verschiebung nennen."
Céline Clanet, Jahrgang 1977, lebt als Fotografin in Paris. Über fünf Jahre arbeite sie an dem Fotoprojekt über die russische Halbinsel. „Kola" ist als Buch erschienen, herausgegeben von Éditions Loco, Paris.

West Point
Carcass
New Island
Stanley
FALKLAND-INSELN
Kap Hoorn
DRAKE-PASSAGE
ANTARKTISCHE HALBINSEL
Elephant Island
Half Moon Island
Arctowski
Deception Island
Wilhelmina Bay
Damoy Point
Gondier Island
Port Lockroy
Cuverville Island
Danco Island
Neko Harbour
Pléneau Island
Fish Island
Petermann Island
Detaille Island
66°33' SÜD POLARKREIS
Horseshoe Island
Stonington Island
HURTIGRUTEN
Expeditionen
ANTARKTIS
Wo die Vorstellungskraft endet, beginnt das Abenteuer.
HURTIGRUTEN
HYBRID POWERED
EXPEDITION
ROALD AMUNDSEN
FRIDTJOF NANSEN
REISEN SIE MIT DEN WELTWEIT ERSTEN HYBRID-EXPEDITIONSSCHIFFEN
Reisen Sie mit MS Roald Amundsen oder MS Fridtjof Nansen, beide mit hochmodernen Hybrid-Antrieb ausgestattet, tief in die Antarktis – den entlegensten Kontinent der Erde. Erleben Sie die besondere Spannung, wenn Sie beindruckenden Eisbergen nahekommen und Pinguine, Robben, Wale in ihrem natürlichen Lebensraum beobachten.
IHRE HURTIGRUTEN VORTEILE
• Deutschsprachiges Expeditionsteam an Bord
• An jedem Tag eine Erkundungstour an Land (nicht an See-, An- und Abreisetagen)
• Vollpension mit Tischgetränken (Softdrinks, Bier und Wein)
• Snacks frühmorgens und nachmittags
• Wasser, Kaffee und Tee ganztägig
• kostenloses WLAN an Bord
• eine wind- und regenabweisende Jacke
PREMIEREN-ANGEBOT
15-Tage-Expeditionsreise inkl. An- und Abreise*
Ab 6.999 € p.P.*
in einer Außenkabine
ANTARKTIS • NORDWEST-PASSAGE • ALASKA • GRÖNLAND • SPITZBERGEN • NORWEGEN • ISLAND
Jetzt im Reisebüro buchen
imitiertes Kontingent, bei Buchung bis zum 31.12.2019. Routenverlauf vorbehaltlich Änderungen je nach Wetterbedingungen. ©MONTAGE HURTIGRUTEN

Hinaus aufs Meer

Fundstücke aus Kunst und Literatur

Der belgische Maler Leon Spilliaert (1881–1946) soll ein in sich gekehrter Mensch gewesen sein, der den Großteil seines Lebens in seiner Geburtsstadt Oostende verbrachte und ein düsteres Werk hinterließ. Er hatte ein Atelier zum Hafen hin – wie vielen Schiffen mag sein Blick gefolgt sein, begleitet von Gedanken, die ins Ungewisse gehen? Sehnsüchte nährten auch die Gedichte der US-amerikanischen Lyrikerin Emily Dickinson (1830–1886), das Elternhaus in Amherst hat sie, die als erste moderne Stimme der angelsächsischen Poesie gilt, kaum je verlassen. Der kanadische Schriftsteller Michael Ondaatje (geboren 1943), Kind eines niederländischen Plantagenbesitzers und einer tamilischen Mutter, kam in Sri Lanka auf die Welt. Die Eltern trennten sich, mit elf wurde er zur Mutter nach England geschickt – eine Reise, die er zu einem Roman verdichtet hat, der in einer Überfahrt eine ganze Welt erzählt. *mw*

Emily Dickinson

Frohlocken ist der Binnenseele
Fahrt hinaus aufs Meer, vorbei
An den Häusern – Landausläufern –
In die tiefe Ewigkeit –

Berggeborene wir – ob jemals
Wohl ein Seemann dies verstand
Himmelstrunkenheit der ersten
Meile draußen frei vom Land?

Aus dem Amerikanischen
von Werner von Koppenfels

Michael Ondaatje

Aus: Katzentisch

Aber nun war beschlossen worden, dass ich mit dem Schiff nach England reisen sollte, und zwar ganz allein. Es war keine Rede davon gewesen, dass dies eine außergewöhnliche Erfahrung oder aufregend oder gefährlich sein könnte, und deshalb sah ich der Reise weder freudig noch furchtsam entgegen. Man sagte mir nicht, dass das Schiff sieben Decks haben und mehr als sechshundert Menschen beherbergen würde, darunter einen Kapitän, neun Köche, Ingenieure und einen Veterinär, und dass es ein kleines Gefängnis und gechlorte Schwimmbecken besaß, die uns tatsächlich über mehrere Meere begleiten würden. Den Termin für den Aufbruch hatte meine Tante beiläufig auf dem Kalender angestrichen, als sie meiner Schule mitgeteilt hatte, dass ich mit dem Ende des Schuljahrs abgehen würde. Dass ich einundzwanzig Tage auf dem Ozean verbringen würde, wurde als Nebensächlichkeit behandelt, und ich wunderte mich, dass meine Verwandten sich überhaupt die Mühe machten, mich zum Hafen zu begleiten. Ich hatte angenommen, ich würde allein mit dem Bus fahren und in Borella Junction umsteigen.

Es hatte einen einzigen Versuch gegeben, mich mit den Umständen der Reise vertraut zu machen. Eine Dame namens Flavia Prins, deren Ehemann ein Bekannter meines Onkels war, stand im Begriff, die gleiche Reise zu machen, wie sich herausstellte, und wurde eines Nachmittags zum Tee mit mir eingeladen. Sie würde in der ersten Klasse reisen, versprach aber, ein Auge auf mich zu haben. Ich gab ihr vorsichtig die Hand, denn ihre Hand war voller Ringe und Armreifen, und dann wandte sie sich ab und setzte das Gespräch fort, das ich unterbrochen hatte. Den größeren Teil der Teestunde verbrachte ich damit, ein paar Onkeln zuzuhören und zu zählen, wie viele zierlich geschnittene Sandwiches sie verzehrten.

Am letzten Tag kramte ich ein leeres Schulheft, einen Bleistift, einen Spitzer und eine durchgepauste Weltkarte hervor und verstaute sie in meinem kleinen Koffer. Ich ging nach draußen, verabschiedete mich von dem Generator und grub die Überreste des Radios aus, das ich einmal auseinandergenommen und im Rasen verbuddelt hatte, als ich feststellen musste, dass ich es nicht wieder zusammenbauen konnte. Ich verabschiedete mich von Narayan und Gunepala.

Als ich in den Wagen stieg, sagte man mir, nachdem ich den Indischen Ozean und den Golf von Aden und das Rote Meer durchquert hätte und durch den Suezkanal in das Mittelmeer gelangt wäre, würde ich eines Morgens an einem kleinen Pier in England anlegen, und dort würde meine Mutter mich abholen. Was meine Gedanken beschäftigte, waren weder die Dauer noch die Magie der Reise, sondern es war die Frage, wie meine Mutter wissen sollte, wann genau ich in jenem fremden Land ankommen würde.

Und ob sie da sein würde.

Leon Spilliaert
„Marine avec sillage“ („Meer mit Kielwasser“), 1902, Aquarell und Farbstifte auf Papier, 49 mal 64 Zentimeter, Museum voor moderne Kunst, Oostende

Die Führungsfrage

Sie haben den großen Entdeckern den Weg gewiesen. Doch die Namen von Ahmed Mesjid, Enrique Melaka und Ikmalik sind kaum bekannt. Höchste Zeit für eine Würdigung

Von Dirk Liesemer

Fast immer sind einem nur die großen Namen im Kopf – von jenen Seefahrern, die hinaus auf die Ozeane segelten, um für ihre Auftraggeber unbekannte Inseln und Kontinente zu erkunden. Auf der Suche nach Terra incognita, nach den weißen Flecken der Erde, kamen sie dabei allerdings fast immer nur in Regionen, die längst von Menschen bevölkert waren. Neu und unbekannt waren diese Länder nur für die Reisenden aus Europa. Vielerorts griffen die Abenteurer auf das Wissen der Einheimischen zurück, engagierten sie als versierte Diplomaten, geschickte Übersetzer und sogar kundige Navigatoren.

Während sich die Namen der europäischen Seefahrer jedoch in unser historisches Gedächtnis eingebrannt haben und zu Heldenfiguren der Menschheitsgeschichte geworden sind, blieben ihre indigenen Helfer unbekannte Schattenfiguren. Längst ist vergessen und oft genug wurde unterschlagen, wie sehr erst die Indigenen einer europäischen Mission zum Erfolg verhalfen. Ohne sie – über die sich bedauerlicherweise oft nur sehr wenig herausfinden lässt – hätte manch ein „Entdecker" sein Ziel nicht gefunden oder wäre nie von seiner Reise zurückgekehrt.

Ahmed Mesjid, *befuhr mit Vasco da Gama den Indischen Ozean*

Ende des 15. Jahrhunderts, als portugiesische Seeleute alle Küsten Afrikas erkundet haben, schickt das Königreich einen seiner besten Kapitäne einer neuen Küste entgegen, Vasco da Gama. Er soll einen Seeweg zum sagenhaften Gewürzland Indien finden. Anfang 1498 erreicht sein Schiff Ostafrikas Küstenstadt Malindi. Von dort aus muss er östlich über den Indischen Ozean segeln. Statt sofort ins Unbekannte aufzubrechen, sucht er vor Ort nach einem einheimischen Navigator. Tatsächlich gelingt es da Gama, einen kundigen Navigator anzuheuern, einen „arabischen Seefahrer", wie es im Logbuch heißt. Handelt es sich um Ahmed Mesjid? Dieser weilt zu jener Zeit in der Hafenstadt und wäre der ideale Mann: Mesjid, um 1430 in eine Seefahrerfamilie in Schardscha geboren, kennt die Monsunwinde genau und ist hochgebildet. Er hat das Astrolab entscheidend verbessert, ein Buch über Navigation verfasst und eine präzise Seekarte erstellt, von der sich später ein Exemplar in Vasco da Gamas Gepäck befinden wird. Angeführt von ihrem „arabischen Seefahrer", segeln die Portugiesen Ende April 1498 bei günstigem Wind ostwärts und erreichen nach nur 23 Tagen die Küste von Kerala. Am 20. Mai gehen sie im Hafen von Calicut vor Anker. Zurück in Portugal, erhält da

ENRIQUE MELAKA: MACHTE MAGELLANS ENTDECKUNGEN MÖGLICH

TUPAIA: LOTSTE COOK DURCH DIE SÜDSEE

James Cook landete im April 1769 auf Tahiti. Dort nahm er Tupaia an Bord. Der Polynesier begleitete ihn fortan auf dessen erster Südseereise (1768–1771)

Gama für seine „Entdeckung" den Titel „Admiral des Indischen Ozeans". Über Ahmed Mesjid, der zwei Jahre nach der Reise stirbt, wird in Lissabon nicht viel gesprochen.

Enrique Melaka, *Sklave, Dolmetscher, Überläufer und Magellans Mann*
Enrique Melaka ist zwölf oder 13 Jahre alt, als Portugiesen 1511 die malaiische Küstenstadt Malakka erobern. Während dieses Überfalls wird der junge Mann von Ferdinand Magellan versklavt und nach Europa verschleppt, wo er auf den Namen Enrique getauft wird und Portugiesisch lernt. „Meinen selbst gefangenen Sklaven Enrique, Mulatte, gebürtig aus der Stadt Malakka", heißt es in Magellans Testament, der darin auch festlegt, dass der junge Mann wieder frei sein solle, sobald er, Magellan, gestorben sei. 1519 nimmt der Seefahrer ihn mit auf eine Weltumsegelung. Unterwegs muss Melaka zwischen Spaniern und philippinischen Inselbewohnern übersetzen und Letztere immer wieder beruhigen, wenn sie vom Kanonendonner der spanischen Flotte verängstigt zu ihren Waffen greifen. Nach dem Mord an Magellan im April 1521 auf Mactan wäre Melaka frei. Doch der neue Kapitän Duarte Barbosa will nicht auf den Übersetzer verzichten und droht ihm mit Auspeitschung. Was dann geschieht, schildert der Chronist Antonio Pigafetta, eine der wenigen Quellen über Melaka. Der Sklave überredet der Darstellung zufolge einen Adeligen der Insel Cebu zu einem Komplott. „Er begab sich zum König und gab ihm den Rat, sich aller unserer Schiffe, Waren und Waffen zu bemächtigen, noch ehe wir wieder in See stachen." Es ist der 1. Mai 1521, als Melaka mit zwei Dutzend Europäern, darunter fast allen Kapitänen und Navigatoren, auf die Insel übersetzt. Der Herrscher hat sie zu einem Bankett eingeladen. Es ist eine Falle: An Land werden alle Weißen ermordet – nur Melaka überlebt.

Tupaia, *Hohepriester an Bord von James Cooks „Endeavour"*
Eigentlich will James Cook den Hohepriester Tupaia nicht mit auf der „Endeavour" reisen lassen, sosehr dieser sich das auch wünscht. Cook hat den Polynesier im April 1769 auf der erst kurz zuvor entdeckten Südseeinsel Tahiti kennengelernt. Er ist zwar von ihm beeindruckt, schätzt ihn als integer und ortskundig, aber er will keine weiteren Passagiere mit an Bord nehmen. Erst als sich der Naturforscher Joseph Banks bereit erklärt, als „Privatmann" für Tupaia zu bürgen, gibt Cook nach. Der Polynesier wurde um 1725 auf der Gesellschaftsinsel Raiatea geboren und entstammte einer Adelsfamilie. An Bord erweist sich Tupaia rasch als nützlich. Er zeichnet eine detaillierte Seekarte und dirigiert die „Endeavour" durch die Inselwelt in Richtung Neuseeland. Dort wird der Hohepriester von den Ureinwohnern als Anführer einer merkwürdig aussehenden, seltsam bewaffneten Truppe hellhäutiger Menschen gesehen. Tupaia kann sich mit den Maori verständigen und wird von ihnen respektvoll behandelt, weil er aufgrund seines Priesteramts über ein weit zurückreichendes Wissen von polynesischen Stammbäumen verfügt. „Wo auch immer die ‚Endeavour' anlegte, waren die Maori von Ehrfurcht erfüllt, denn sie trafen einen Angehörigen ihrer Sippe aus ihrer alten Heimat", heißt es in einem Bericht. Mehrmals verhindert er Konflikte zwischen Europäern und Maori, hilft bei der Bestimmung von Pflanzen und befragt für Banks die Menschen über Religion, Sitten und Gebräuche. Auf der Weiterreise erkrankt Tupaia an Skorbut und stirbt zum Jahresende 1770 in Batavia, dem heutigen Jakarta. Zuletzt bereute er es, seine Heimat verlassen zu haben.

Kadu, Lagediack und Langemui, *Chamissos Helfer im Pazifik*
Anfang des 19. Jahrhunderts segelt der Dichter und Naturforscher Adalbert von Chamisso um die Welt. Vor allem im mikronesischen Ratak-Archipel trifft die Expedition hilfsbereite Menschen. Auf der

KADU: ERKLÄRTE CHAMISSO MIKRONESIEN

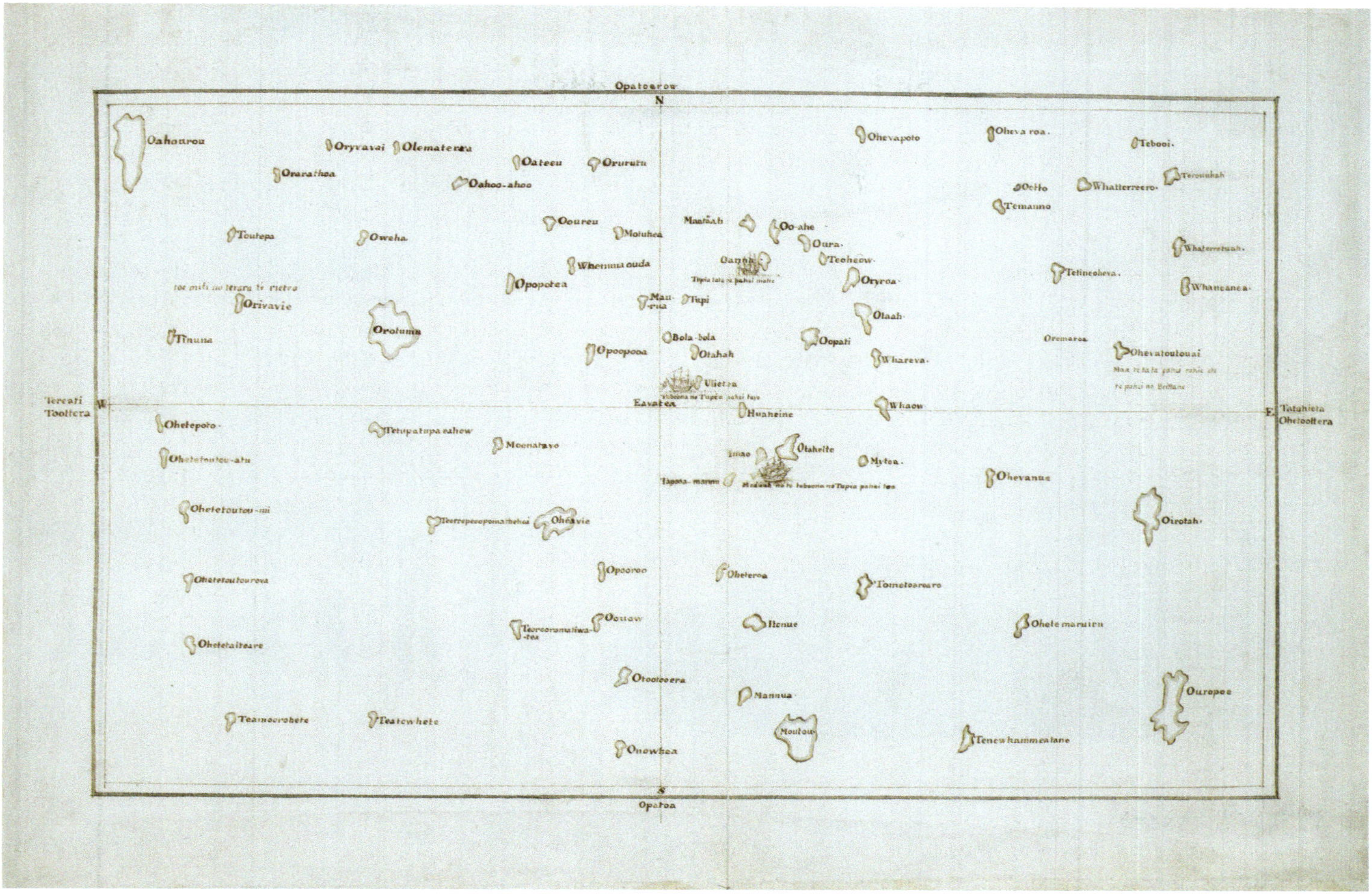

GENIAL ODER FALSCH? TUPAIAS KARTE

Im Auftrag von James Cook fertigte Tupaia eine Karte von Polynesien an, die unter Wissenschaftlern umstritten ist: Übersteigt sie den westlichen Verständnishorizont oder ist sie schlicht fehlerhaft?

EIN GRÖNLÄNDER LEHRTE DIE BRITEN DEN UMGANG MIT INUIT

Erster Kontakt mit Eingeborenen im Prince-Regent-Sund: Die britischen Polarforscher John Ross und William Parry treffen auf Inuit. Die Illustration stammt von dem Grönländer John Sacheuse, dem Führer von Ross' Expedition 1818

Insel Ulea in den Karolinen etwa freundet sich Chamisso mit einem Mann namens Kadu an, dessen Körper mit Fischen und Vögeln tätowiert ist. Kadu selbst stammt von einem anderen Eiland. Seine Haut ist heller, sein Haar krauser als das anderer Inselbewohner. Weil er hofft, wieder in seine alte Heimat zu gelangen, schließt er sich den Europäern an. „Je näher wir einander kennenlernten", schreibt Chamisso, „desto lieber gewannen wir ihn." An Deck ahmt Kadu anfangs den Gang des Kapitäns nach und hält die Matrosen für Sklaven. Er hilft als Übersetzer und beantwortet bereitwillig alle Fragen über die Inselwelt, allerdings „dieselbe Frage nicht gern zweimal". Mehr noch als von Kadu erfährt die Crew von einem Mann namens Lagediack, den sie 1817 auf einer Insel namens Otdia treffen. Er wird zum wichtigsten Vertrauten auf dem Eiland, weil er sich „durch schnelle Auffassung und leichte Darstellungsgabe vor allen anderen" auszeichnet. Lagediack skizziert etwa eine Karte in den Sand, berichtet von schiffbaren Furten und anderen Archipelen. Es ist nicht das einzige Mal, dass ihnen ein Ortskundiger auf diese Weise die Umgebung erklärt. Auf einer weiteren Insel, die Chamisso als Kapeniur bezeichnet, entsteht mit der Hilfe des dortigen Häuptlings Langemui eine Karte, die Kapitän Otto von Kotzebue seinem Reisebericht beifügt.

John Sacheuse, Ikmalik, Apelaglu und Narlook, *Ross' Wegweiser durch die Arktis*
Es sind Inuit, die dem britischen Kapitän John Ross erstmals von der Existenz einer Nordwestpassage erzählen. Bei der Suche danach wird Ross fortan immer wieder auf ihre Hilfe setzen. Schon für seine erste Polarfahrt 1818 heuert er einen Ureinwohner an: den Inuit John Sacheuse. Er stammt aus Südgrönland, lebte eine Zeit lang in England, wo er Englisch lernte und zum Christentum übertrat. Sacheuse übersetzt für Ross, stellt Kontakte her und bringt schiffbare Routen in Erfahrung. Auch auf seiner zweiten Reise in die arktischen Gewässer setzt Ross auf das Wissen der Ureinwohner. Als sein Schiff im kanadischen Eismeer eingefroren ist, kommen im Januar 1830 die beiden Inuit Ikmalik und Apelaglu an Bord. „Wir legten unseren Gästen ein Stück Papier vor, auf dem die Skizze des schon bekannten Landes zwischen dem Prince-Regent-Sund und der Repulse-Bucht eingezeichnet war", heißt es im Reisebericht. Die Inuit ergänzten die Karte mit weiteren, den Briten unbekannten Küsten, Buchten und Flüssen. Zwei Inuit, Narlook und Ikmalik, erklären sich sogar bereit, die „Victory" in den hohen Norden zu begleiten. Wieder andere Ureinwohner, darunter auch Frauen, zeigen dem Briten, wie man Schlittenhunde anführt, welche Hunde sich für die Jagd auf Mochusochsen eignen und wie sich Iglus aus Schnee errichten lassen. Ferner lernt der Brite von ihnen, Schlitten aus gefrorenen Fischen zu bauen, Decken aus Rentierhäuten herzustellen und mit einem Speer ein Robbenloch im Eis so zu erweitern, dass sich die Tiere beim Auftauchen leicht erlegen lassen.

Nach der Recherche fragte sich Dirk Liesemer, Jahrgang 1977, freier Autor in München, wie viele Irrfahrten wohl unternommen worden wären, wenn die Kapitäne nicht auf das Wissen Einheimischer hätten zurückgreifen können. Schade nur, dass es so wenige Aufzeichnungen über diese Zuträger gibt.

JOHN SACHEUSE: FÜHRTE JOHN ROSS DURCH DIE ARKTIS

Todesfahrt ab Hamburg

Um 1850 beginnt für Hamburger Reeder ein gigantisches Geschäft. Sie schaffen Hunderttausende Auswanderer nach Amerika – so billig wie möglich. Robert M. Sloman ist einer der skrupellosesten

Text: Cay Rademacher Illustration: Jörg Hülsmann

Tausende Menschen, die aus Not ihre Heimat verlassen, um auf einem fremden Kontinent ihr Glück zu finden. Skrupellose Schlepper, die Emigranten auf maroden Schiffen übers Meer schaffen. Hunderte Tote auf hoher See ... Das klingt nach afrikanischen Flüchtlingen, libyschen Schleppern, nach lecken Kähnen und Mittelmeer. Es sind aber Nachrichten aus Deutschland.

Es gab nämlich eine Zeit, da flohen die Menschen nicht aus Mali, sondern aus Mecklenburg. Nicht übers Mittelmeer, sondern über den Atlantik. Nicht auf Schlauchbooten, sondern auf Rahseglern. Und die mörderisch gierigen Schlepper kamen nicht aus dem Maghreb, sondern aus Hamburg. Es waren Reeder, Kapitäne und Politiker, nach denen heute Straßen der Stadt benannt sind.

Seit dem 19. Jahrhundert strömen Menschen von Europa nach Amerika. Zwar hat schon Kolumbus auf seiner ersten Reise einige Spanier in der Neuen Welt zurückgelassen, doch zum Massenphänomen wird die Auswanderung erst mit der Industrialisierung und den Landreformen, die zahllose Handwerker und Bauern ruinieren. Aus Irland und Italien fliehen Hunderttausende vor dem Hunger, in Osteuropa weichen sie politischer und antisemitischer Unterdrückung. Schwierig zu schätzen, doch zwischen 1850 und 1930 emigrieren aus Europa mindestens 35 Millionen Menschen nach Amerika.

Mehr als fünf Millionen davon sind Deutsche, drei Millionen kommen aus Österreich-Ungarn, fast 400 000 aus der Schweiz. Für viele beginnt die Überfahrt in Hamburg, allein im Jahr 1867 etwa brechen 8788 Menschen von der Elbmetropole aus auf.

Zwar kreuzen da schon die ersten Dampfer den Atlantik. Doch für die Reeder ist die menschliche Fracht besonders profitabel, wenn Kosten gedrückt werden. Deshalb gehen in Hamburg Emigranten vor allem auf Segelschiffe. Diese sparen den Reedern teure Kohle und Heizer – die Reise dauert allerdings nicht neun bis zehn Tage, wie bei Dampfern, sondern mehrere Wochen, je nach Wind.

Der Dreimaster „Leibnitz“ gehört der Reederei Sloman, was insofern eine historische Ironie ist, dass deren Gründer William Sloman selbst ein Emigrant war: ein Engländer, der 1793 in Hamburg sein Unternehmen startete. 1800 stirbt der Senior. Sein Sohn Robert Miles übernimmt die Geschäfte. 1867 löst dessen Sohn Robert Miles Sloman der Jüngere ihn ab. Der Junior ist gut vernetzt: Seit 1864 sitzt er in der Hamburger Bürgerschaft, 1867 ist er zudem Abgeordneter des Konstituierenden Reichstags des Norddeutschen Bundes.

Seine „Leibnitz“ ist ein etwa 55 Meter langer und knapp zehn Meter breiter

Keine Bullaugen, keine Zwischenwände, keine Kabinen

Frachtsegler. Wer in Sonne und Wind auf dem Deck steht, kann auf einer etwa 60 Zentimeter schmalen Treppe ins Zwischendeck hinuntersteigen. Drei je etwa zwei mal zwei Meter messende Luken lassen etwas Licht und Luft hinein. Eine weitere Treppe führt noch eine Ebene tiefer, ins Orlopdeck. Das Zwischen- und das Orlopdeck sind kellerartig niedrige, schlecht belüftete und, im Fall des Orlopdecks, auch lichtlose Räume im Rumpfinnern. Keine Bullaugen, keine Zwischenwände, schon gar keine Kabinen. Hier lagern Lederhäute oder Eisenwaren oder Tee – oder Menschen.

Denn Sloman lässt 1867 in beiden Frachtdecks demontierbare Etagenbetten aus Holz und Stoff aufstellen – keine Tische, keine Stühle, nur lange Reihen von Betten. Jeder der beiden Schlafsäle ist knapp 15 Meter lang, nimmt also ein Drittel der Schiffslänge ein, ist knapp zehn Meter breit und gut zwei Meter hoch – macht, grob gerechnet, 300 Quadratmeter fenster-, licht- und luftloser Raum. Genug für 544 Menschen.

Am 2. November 1867 legt die „Leibnitz“ zu ihrer zweiten Auswandererfahrt ab. An Bord 399 Erwachsene, 102 Kinder unter zehn Jahren, 41 Säuglinge. Die meisten sind Mecklenburger, die als Bauern oder Arbeiter in Illinois oder Wisconsin ihr Glück machen wollen; andere kommen aus Posen, Pommern, Sachsen, Thüringen. Da ist eine 25-Jährige, von der nur der halbe Name in der Passagierliste steht: D. Schacht, aus Göhren bei Malchow. Welche Hoffnungen und Träume, welche Ängste muss eine junge Frau angesichts dieser Reise empfinden? Was hat sie wohl hinausgetrieben aus ihrem Dorf? Und warum wandert der ehemalige Militärkrankenpfleger Johann Steinhäuser aus? Und mit welchen Worten wird sich Carl Werner von seinem in Hamburg lebenden Bruder verabschieden?

79 Erwachsene, 22 Kinder und fünf Säuglinge verschwinden mit ihren Habseligkeiten im lichtlosen Orlopdeck – 106 Auswanderer. Nach den Hamburger Vorschriften dürfen dort nur 90 Menschen untergebracht werden – das wäre schon eng –, doch Reeder Sloman wendet einen legalen Trick an: Babys zählen bei der Platzberechnung nicht, Kinder nur zur Hälfte, und also kommt er genau auf 90 „Vollpassagiere“, wie er das nennt. 438 Menschen drängen sich im Zwischendeck zusammen. Nur ein Dutzend werden im Deckshaus und damit einigermaßen in Licht und Luft reisen, gar nur zwei haben die bequemen Kajüten achtern im Rumpf gebucht. Einer der beiden ist Gustav Ettmüller, der nach dreijährigem Medizinstudium approbierter Chirurg ist.

Der 31-jährige Hamburger Kapitän Hans Friedrich Bornhold kommandiert die 23 Mann Besatzung. Er ist seit zwei

Jahren Schiffsführer. Zwei Steuerleute gehören zu seiner Crew, einige Matrosen, ein Schiffszimmermann, ein Steward für den Kapitän – und ein Koch, für 575 Menschen an Bord.

Die Vorräte: 3800 Pfund Brot, 14 Tonnen Ochsenfleisch, fünf Tonnen Speck, Wasser, Butter, Bohnen. Nichts davon kann gekühlt werden. Sloman hat das Brot in Hamburg für 15 Prozent unter dem Marktpreis gekauft, die Butter gar für ein Viertel unter dem Üblichen – auffallend günstige Ware. Noch billiger kommen ihn Speck und Fleisch: Die auf der vorigen Fahrt nicht verbrauchten und schon ein Dreivierteljahr alten Reste lässt er einfach an Bord. Für 91 Tage, so die Hamburger Vorschriften, müsste Sloman Vorräte laden, doch der Reeder findet das Gesetz „übertrieben" und staut nur für gut 70 Tage. Noch dürftiger sorgt er für Hygiene und Gesundheit vor. An Bord gibt es keine Waschräume und nur vier (nach anderen Berichten sechs) Toiletten für 544 Auswanderer. Eine kleine Medizinkiste enthält Kampfer, Opium und Granatapfelschalen. Ausgefeiltere Medikamente wären ohnehin zwecklos. Es ist nämlich kein Schiffsarzt an Bord.

Von Hamburg bis zur offenen Nordsee braucht die „Leibnitz" schon zehn Tage. Widrige Winde und Nebel halten den Segler in Cuxhaven auf. Erst am 12. November sticht der Dreimaster in See. Wechselhaftes Wetter. Nach vier Tagen kommt die englische Küste in Sicht. Dann Kurs Süd durch den Ärmelkanal und in den offenen Atlantik.

17. November. Der erste Tote. Ein normaler Sterbefall, wie er auf jeder Fahrt vorkommt, er ist kaum einen Eintrag im Schiffsbuch wert. Ein acht Tage zuvor an Bord geborenes Baby stirbt. Insgesamt werden auf dieser Überfahrt sechs Kinder geboren werden – nur eines wird lebend in New York ankommen.

23. November. Inzwischen segelt die „Leibnitz" weit südlich, auf der Höhe von Madeira. Windstille. Drückende Hitze. 35 Grad. Im Orlopdeck steht die Luft, und das ist keine Metapher. Es ist so stickig, dass die Flammen in den wenigen Laternen kaum brennen, die Sichtweite liegt bei weniger als einem Meter. Viele Auswanderer sind seekrank. Die Aborte stinken unerträglich. Passagiere entleeren sich in Töpfe. Bei stärkeren Wellen kippen diese um. Vom Zwischendeck suppt der Dreck durch die Holzplanken ins Orlopdeck. Manche Passagiere schleppen ihre Nachttöpfe den Niedergang hinauf und kippen deren Inhalt einfach auf dem Deck aus. „Wenn wir in der Nacht Tauwerk anzufassen hatten", klagt ein junger Matrose, „griffen wir oft in ihren Schmutz hinein."

Kapitän Bornhold reinigt sein Schiff nicht und treibt die Passagiere auch nicht an die frische Luft. Die Auswanderer dürften durchaus an Deck gehen, doch viele sind so krank oder eingeschüchtert, dass sie lieber im Schiffsbauch ausharren.

Je heißer die Luft wird, je länger die Flaute dauert, desto deutlicher wird Bornhold, wie wenig Wasser er dabeihat. Er lässt jedem Reisenden nur 0,3 Liter am Tag zuteilen. Schrecklicher Durst, Hunger.

„Das Elend, das wir auf der ‚Leibnitz' kennengelernt haben, ist nicht zu beschreiben", wird Carl Werner später seinem Bruder in einem Brief schreiben. „Unser Essen war sehr schlecht und ohne

Hunger, Durst, Cholera. 70 Tage Überfahrt, 105 Tote

Geschmack gekocht, oft angebrannt und nicht gar, das Brot schimmelig, mit Maden und Würmern versehen, die Butter ungenießbar, da sie stank, auch das Fleisch war meistenteils schlecht, grün aussehend und auch oft nicht geruchfrei. Das Essen und alles andere wurde in so kleinen Portionen ausgegeben, dass wir uns kaum den Hunger stillen konnten. [...] Namentlich war das Wasser, was wir bekamen, sehr wenig und sind wir bei der großen Hitze, die wir auf dem größten Teil der Reise hatten, vor Durst bald umgekommen."

Umgekommen ... Niemand kennt die letzten Stunden der jungen Frau aus Göhren, von deren Vornamen nur das D überliefert ist. Ob sie irgendwann in diesen heißen Tagen ahnt, dass sie Amerika niemals sehen wird? Ein Arzt wird später anhand von Zeugenaussagen ihr Sterben so protokollieren: „Sie hatte einen leichten Anfall von Diarrhoe gehabt, stürzte plötzlich hin und wurde fast in demselben Augenblicke von Erbrechen und Durchfall ergriffen, unter gleichzeitigen schmerzhaften Krämpfen in den Schenkeln und im Unterleibe, dann brennendem Durst; die Ausleerungen, vorher gelblich, wurden dünnflüssig, wässrig, die Extremitäten kalt, Lippen blau, Stimme heiser, und die Patientin starb wenige Stunden nach dem ersten Auftreten der Symptome."

Jetzt ist eine Seuche an Bord. Niemand weiß genau, welche, aber sie ist schreckenerregend schnell. Alle Indizien sprechen dafür, dass es die Cholera ist. Diese Bakterieninfektion wütet seit dem 19. Jahrhundert in Europa, für unbehandelte Opfer ist sie in 20 bis 70 Prozent der Fälle tödlich. Sie wird vor allem durch verunreinigtes Trinkwasser oder Essen übertragen – was 1851 ein englischer Arzt erkannt hat. Doch in Hamburg wird ein von der Stadtverwaltung beauftragter Arzt noch 1868 behaupten: „Die Cholera ist uns noch immer ein ungelöstes Rätsel."

Innerhalb von 24 Stunden rafft die Seuche jedenfalls zwei weitere Reisende dahin. Bornhold lässt die Leichen trotz der Hitze einen Tag lang in einem Raum liegen, bevor er sie in Säcke näht und mit Kohlen oder Eisenringen der Fässer beschwert in den Atlantik wirft – nachts, damit die anderen Passagiere es nicht sehen. Er will sich, wie er später sagt, anhand der aufgebahrten Toten zunächst ein Bild über die Krankheit machen. Als wenn er jetzt noch etwas tun könnte.

Nun sterben Tag für Tag Auswanderer, einer, zwei, drei, manchmal fünf oder acht innerhalb von 24 Stunden. Am 17. Dezember muss Bornhold gar zehn Leichen über Bord geben. Bald hat er nichts mehr, um die Körper zu beschweren. Der Medizinkoffer ist auch längst leer. Den Kranken, die vor Krämpfen schreien und die schrecklicher Durst plagt, bietet er nicht einmal einen Schluck Wasser zusätzlich an.

Johann Steinhäuser und einen zweiten Passagier stellt er als Hilfskräfte ein, doch was soll der ehemalige Militärkrankenpfleger tun, ohne Medikamente und in einem überhitzten, stickigen Schiff? Vielleicht hätte ihm der Chirurg Gustav Ettmüller beistehen können, doch der verschweigt Kapitän und Mitreisenden seinen Beruf und bleibt lieber in seiner Achterkajüte verborgen.

Am Ende quält die Passagiere auch noch Kälte, und doch ist das die Rettung. Als die „Leibnitz" Ende Dezember südliche Breitengrade verlässt und Kurs auf

Robert Miles Sloman junior (1812–1900). Seine Nachfolger verlegten die Reederei nach Bremen, wo die Sloman Neptun Schiffahrts-AG bis heute ihren Sitz hat

New York nimmt, zerreißt ein Sturm, wie Bornhold notiert, „mehrere Segel“. Doch im anschließenden „heftigen Frost“ erstarren wohl auch die Keime, jedenfalls flaut die Cholera Ende Dezember 1867 endlich ab. Am 11. Januar 1868 ankert die „Leibnitz“ vor New York. 70 Tage Überfahrt. Noch für drei Tage Wasser an Bord. 105 Tote.

New York ist 1868 keine besonders liebenswerte und rücksichtsvolle Stadt. Doch selbst hier ist man schockiert. Kinder sind auf hoher See zu Waisen geworden, ganze Familien ausgelöscht. Die Überlebenden, noch von der Seuche und Hunger und Durst gezeichnet, werden auf das Hospitalschiff „Illinois“ evakuiert. Nur wenige Tage vor der „Leibnitz“ war zudem ein anderer Sloman-Segler eingelaufen. Auf der „Lord Brougham“ waren 75 von 383 Passagieren gestorben. Die Einwanderungsbehörde schickt Kapitäne und Ärzte als Experten an Bord dieses „unglückseligen Schiffes“. Deren Report, in einer Tausenderauflage gedruckt, ist erschütternd: Die „Leibnitz“ sei eine „Pesthöhle“. Ein Inspektor „kann sich nicht daran erinnern, in den letzten fünf Jahren ein derart schmutziges Schiff gesehen zu haben“. Die Fahrt sei ein „Verbrechen gegen die Menschlichkeit“.

Allein, illegal ist das nicht. Passagiere dürfen auf dem Orlopdeck zusammengepfercht werden. Es ist nicht verpflichtend, einen Schiffsarzt an Bord zu haben. Und die Hamburger Autoritäten „kümmern sich entweder nicht darum, die Wahrheit der Vorwürfe gegen ihre Schiffe zu prüfen, oder sie werden von ihren Vorgesetzten dazu angehalten“. Die Kommission beendet ihren Report deshalb mit Vorschlägen für neue US-Gesetze, die eben jene Missstände abstellen sollen, da die Hamburger Gesetze offenbar nichts ausrichten.

Die Deutsche Gesellschaft der Stadt New York, eine Organisation ehemaliger Auswanderer, wird deutlicher: Es sei „vergeblich, an die Menschlichkeit von Sloman zu appellieren. […] Wir warnen die deutschen Auswanderer ernstlich, für ihre Reise nach den Vereinigten Staaten sich der Schiffe des Hrn. R. M. Sloman in Hamburg anzuvertrauen“.

Das „New Yorker Journal“ schmäht „Slomans Totenschiff“. Ein anderer Journalist warnt: „Überhaupt ist nachgewiesen, dass auf den Sloman’schen Schiffen seit Jahren mehr Leute sterben als auf den Bremer oder auf den Liverpooler Schiffen, und eine Warnung gegen die Benutzung derselben ist daher wohl am Platze.“ Kurz: Die 105 Toten sind in New York nicht strafbar, wohl aber geschäftsschädigend, für Sloman und für Hamburg allgemein.

Einige Wochen nach der Todesfahrt tritt deshalb das Hamburger Obergericht, die höchste Instanz der Hansestadt, zu einer Untersuchung zusammen, Vorsitzender Richter ist der ehemalige Bürgermeister Heinrich Kellinghusen. Er macht klar, dass er nicht aus eigener Initiative ermittelt, sondern nur, „weil die auf der ‚Leibnitz‘ vorgekommenen Todesfälle in New York […] größeres Aufsehen und einen […] peinlichen Eindruck hervorgerufen haben“.

Kellinghusen befragt Sloman, den Kapitän, ein paar Mann der Besatzung, lässt seinerseits Inspektoren auf das (inzwischen leere und gesäuberte) Schiff gehen, als es wieder in Hamburg anlegt. Und verkündet schließlich im allerbesten Beamtendeutsch: „Ein Verschulden hinsichtlich der Beschaffenheit, Ausrüstung und Führung des Schiffes ist nicht für vorliegend zu erachten, und auch im

Übrigen zur Verhängung einer Strafe Veranlassung nicht vorhanden ist.“

Sloman muss für sein Totenschiff nicht einen Taler Strafe zahlen. Die Opfer seien selbst schuld an ihrem Ende. Ursache sei „die notorische Unsauberkeit der Auswanderer dieser Klassen. […] Das Cholera-Gift ist durch Auswanderer […] an Bord gebracht worden und hat nicht an Bord seine Entstehung genommen“. Eine erstaunliche Schlussfolgerung: Wenn die Auswanderer selbst schon aus ihrer Heimat die Cholera mitgeschleppt hätten, warum sind die ersten drei Wochen der Fahrt dann ohne Krankheit verstrichen?

Die Hamburger werden erst 25 Jahre nach der Todesfahrt der „Leibnitz“ lernen, dass nicht „unsaubere Auswanderer“ das „Cholera-Gift“ einschleppen, sondern dass es der eigene Schmutz ist, der die Seuche auslöst. Dreckiges, ungefiltertes Elbwasser verursacht 1892 in der Hansestadt den letzten und wohl verheerendsten Choleraausbruch in Deutschland, mit mehr als 8600 Toten in einem Sommer. Der zu Hilfe herbeigerufene Bakteriologe Robert Koch bezeichnet, sicher unwissentlich, das schmutzstarrende Hamburg ganz genau so, wie der New Yorker Inspektor die „Leibnitz“ einst schmähte: als „Pesthöhle“.

Hätte Richter Kellinghusen 1868 hart geurteilt, hätte irgendjemand in Senat und Bürgerschaft aus der Höllenfahrt der „Leibnitz“ etwas gelernt und Konsequenzen gezogen – gut möglich, dass vielen weiteren Auswanderern der Tod und Hamburg der Choleraausbruch von 1892 erspart geblieben wäre.

Am Ende werden spätere Auswanderer nicht vom ignoranten Hamburger Obergericht geschützt und nicht einmal durch strengere US-Gesetze. Sondern durch Dampfer.

Ein anderer Hamburger Reeder, Albert Ballin, ist einer der Pioniere, der diese Schiffe billiger und beliebter macht. Dampfer sind sauberer, heller und, vor allem, schneller als Segelschiffe. Die Überfahrt verkürzt sich von vielen Wochen auf wenige Tage.

Und Robert M. Sloman mit seiner „Leibnitz“? Nach der Todesfahrt und der zwar glimpflichen, doch peinlichen obergerichtlichen Untersuchung reagiert der Reeder überraschend modern – mit Marketing. Er tauft die „Leibnitz“ einfach in „Liebig“ um und tilgt damit den Namen mit dem schlechten Image. Die „Liebig“ schickt er mit Auswanderern nicht nach New York, wo man das Schiff noch in unguter Erinnerung hat, sondern nach Québec. Resultat: 536 Passagiere. 41 Tote. „Keineswegs außergewöhnlich“, wie ein Beobachter notiert.

Cay Rademacher, Jahrgang 1965, lebt als Autor in der Provence. Es hat ihn überrascht, wie nahe die verehrten Reeder der Hansestadt den heutigen Menschenschmugglern kamen.
Jörg Hülsmann, geboren 1974, studierte Illustration in Düsseldorf und Hamburg. Seit 2003 zeichnet er als freier Illustrator für Buchverlage, Magazine und Zeitungen.

Die pausenlose Marter des Glücks

Wenn Menschen das Paradies suchen, landen sie letztlich fast immer in All-inclusive-Strandresorts. Denn das, was wir uns als Paradies ersehnen, ist eine unerträgliche Vision

Von Alexander Kohlmann

Wir sind nur Parasiten, dieser Strand ist nichts anderes als ein Ferienresort. Ein Ferienresort für Menschen, die keine Ferienresorts mögen." Alex Garland beschreibt in seinem 1996 erschienenen Kultroman „The Beach" das Dilemma des privilegierten westlichen Menschen. Eine ganz konkrete Paradiesvision treibt ihn auf die Reise. Es ist eine Vision von türkisblauem, warmem Wasser, unberührter Natur und Bambushütten, wildem Sex am Strand und einem einfachen Leben – einem Leben mit allen Annehmlichkeiten und ohne natürliche Feinde, ein Leben, in dem der Mensch einfach Mensch sein kann, irgendwo da draußen an einem einsamen Strand, den möglichst kein anderer Paradiessucher kennt.

Es ist erstaunlich, wie wenig sich die Paradiesvorstellungen in der westlichen Kulturgeschichte in den letzten Jahrhunderten verändert haben – und es ist ein Paradox, dass sie uns immer wieder zu dem führen, was der westliche Kulturbürger eigentlich hasst. Wer „einsame Insel" in eine Suchmaschine eingibt, landet auf den Seiten hochpreisiger Urlaubsresorts auf den Malediven, vollgebaute kleine Atolle mit All-inclusive-Versorgung, damit der Paradiesbewohner nicht viel für seinen Lebensunterhalt tun muss. Und wir finden „Robinson"-Hütten mit Klimaanlage, die direkt ins Meer gebaut sind, damit der Urlauber es mitten in der blauen Lagune nachts nicht zu warm hat.

Die Behausungen der Reiseveranstalter stehen den Hütten am einsamen, geheimen Strand in Alex Garlands Roman in nichts nach. Und selbst in dieser fiktiven Aussteigergesellschaft sind es die menschlichen Bedürfnisse und Triebe, die dem dauerhaften Genuss des Paradieses im Weg stehen: Der Mensch vertreibt sich in erster Linie selbst aus seinen einsamen türkisblauen Träumen, immer und immer wieder. Denn was er glaubt zu suchen, kann er in Wahrheit nur äußerst schwer aushalten: zu viel freie Zeit. In Garlands Roman sitzen die Paradiesbewohner in ihrer Hüttenwelt am Strand – und langweilen sich. Das Phänomen kennt jeder, der einmal eine Woche Strandurlaub gebucht hat: Auch der schönste Blick auf das Meer langweilt irgendwann; die Sehnsucht danach, sich zu beschäftigen, im Idealfall etwas zu erreichen, nimmt auch im Urlaub schnell überhand.

Die Tourismusindustrie reagiert auf dieses Paradox geschickt mit einem unentwegten Unterhaltungsangebot: kein Inselclub ohne Extrapakete aus Partys, Sportangeboten von Bogenschießen bis Wellenreiten, Exkursionen, Weinproben, Tennisstunden und Zumbakursen in den Morgenstunden. Das Paradies langweilt. In Garlands Aussteigerroman vertreibt sich der Held Richard seine Zeit schon bald mit Gameboyspielen, direkt am Strand. Die Gemeinschaft organisiert Sportturniere, und wenn gar nichts mehr hilft, bleibt noch der Blick auf die schöne Frau oder den schönen Mann, gern die Partner der anderen und noch lieber mit Aussicht auf eine Affäre. Was folgt, ist Stress: mit der Gemeinschaft, den verlassenen Liebhabern oder mit Nachbarn, die einem das mühsam abgesteckte Terrain streitig machen. „The Beach" zeichnet nur nach, was schon seit Adam und Eva gilt: Der Mensch, der im Paradies dauerhaft etwas mit sich anzufangen weiß, muss erst noch geboren werden. Es liegt offenbar in unserer Natur, dass das friedliche Leben unter Palmen eine Sehnsucht bleibt.

Eine Sehnsucht, die schon lange, ehe es das Konzept des Urlaubs gab, von den Menschen gestillt werden wollte – und sie immer wieder zu beachtlichen kulturellen Leistungen antrieb. In allen Epochen entstanden so in den verschiedenen Künsten imaginäre Bildwelten und Gartenanlagen, die im Gegensatz zu heute nicht Tausende Kilometer entfernt, sondern direkt vor der Haustür lagen und doch denselben Zweck erfüllten: die Erschaffung des Paradieses auf Erden, die Materialisierung einer Gegenwelt zum schnöden Alltag, zum Familienleben und zur Arbeitswelt. Weil „Paradies […] nichts anderes meint als einen höchst angenehmen Garten, voll von allen gefälligen Dingen, von Bäumen, Äpfeln, Blumen, lebhaftem fließendem Wasser, Vogelgesang, kurzum, allen Annehmlichkeiten, die das Herz erträumt", schrieb Lorenzo de' Medici, genannt Il Magnifico, einer der großen Kunstmäzene der italienischen Renaissance, der sein Leben allerdings nicht im Paradiesgarten, sondern in den Kontoren seines Unternehmens und den Stätten der Politik verbrachte. De' Medici war im Hauptberuf Bankier und Politiker, unermesslich reich und einflussreich und dennoch nicht frei von Sehnsucht, wie die überlieferten Zeilen zeigen. Voll ungestillter Sehnsucht, muss man sagen, denn für sich persönlich eingelöst hat er das Paradieskonzept nie, das bereits in der Renaissance westliche Lebensideale „von Frieden, seelischer Harmonie, Schönheit und idealer Liebe an einem Lustort impliziert", wie der Kulturwissenschaftler Klaus Börner sinnfällig beschreibt. Allein, es blieb eine Utopie, wie fast alle Paradiesvisionen, ein Tagtraum, den Börner skizziert als „eine Art halluzinatorischen Urwunsch der Mensch-

Der Mensch vertreibt sich in erster Linie selbst aus seinen einsamen türkisblauen Träumen, immer und immer wieder. Denn was er glaubt zu suchen, kann er in Wahrheit nur äußerst schwer ertragen: zu viel freie Zeit.

heit, der im märchenhaft bunten sorgenlosen, leichten, fernen Anderswo von der großen Harmonie träumt" – ohne diesen Ort jemals zu erreichen.

Nur wenige machten sich tatsächlich auf den Weg. Einer von ihnen war der Pariser Künstler Paul Gauguin, der mit seinen Bildern aus Tahiti wie kaum ein anderer die Sehnsucht der westlichen Welt nach einem Südseeparadies in seiner Malerei Wirklichkeit werden ließ. Und das, obwohl oder gerade weil diese Bilder nicht vor dem Hintergrund von Erfüllung, sondern im Angesicht einer phänomenalen Enttäuschung entstanden sind. Bereits vor seiner Abreise Ende des 19. Jahrhunderts hatte der Maler seinen Wunschtraum formuliert: Die Bewohner Tahitis erträumte er sich als die „glücklichen Bewohner eines unbeachteten Paradieses in Ozeanien", die „vom Leben nichts anderes kennen als seine Süße. Für sie heißt leben singen und lieben", glaubte der des Zivilisationsstresses überdrüssige privilegierte Künstler. Nach seiner Ankunft in der französischen Kolonie musste er jedoch feststellen, dass von dem Paradies, das die ersten europäischen Besucher wie James Cook in ihren Logbüchern verewigt hatten, praktisch nichts mehr übrig geblieben war. Die „Ureinwohner" lebten in einfachen Behausungen, trugen westliche Kleidung und bildeten die verarmte Unterschicht, während sich das Leben der weißen Herrscher nicht sonderlich von dem der Oberschicht in Frankreich unterschied.

Dass wir heute auf Gauguins Bildern dennoch jenes Paradies inmitten unberührter Natur und halbnackter Menschen erleben, zeigt, wie sehr die Sehnsucht nach dem Paradies auch in dieser Episode der Kulturgeschichte über die Wirklichkeit trotzt: Gauguin hatte einfach den Ort seiner Träume in seinen Bildern festgehalten und ein Tahiti gezeichnet, das es nicht gab. Es entstand so tatsächlich der imaginierte Ort seiner Fantasie, der ihn allerdings nicht davon abhielt, nach Europa zurückzukehren. Denn das Geld war aufgebraucht und der Wunsch nach dem endgültigen künstlerischen Durchbruch groß.

Gerade für Gauguin gilt wie für so viele Paradiessuchende: Das Leben, das er führte, war gerade nicht das eines anspruchslosen Paradiesbewohners, sondern im Gegenteil die Arbeit eines extrem produktiven Künstlers mit enormem Sendungsbewusstsein, dessen Wunsch nach künstlerischer Anerkennung und Tätigkeit zeitlebens ungebrochen war, ganz anders, als das ein Betrachter seiner Bilder vermuten sollte. Auch Gauguin erwies sich letztlich als unfähig, das Ideal des Paradieses tatsächlich zu leben, auch ihm ging es wie allen anderen um Selbstbestätigung und den Wunsch, etwas anderes mit dem eigenen Leben anzufangen als dauerhafter, kontrollierter Müßiggang. „Die Idee des Paradieses ist im Grunde infernalischer als die der Hölle. Die Hypothese einer vollkommenen Glückseligkeit ist qualvoller als die pausenlosen Martern, denn es ist unser Los, sie nie zu erreichen", hatte bereits 1853 der Autor Gustave Flaubert das Dilemma beschrieben, das sich nicht nur in Gauguins Paradiessuche einige Jahrzehnte später widerspiegelte.

Dass dieser Widerspruch im menschlichen Sehnen Künstler und Künstlerinnen zu allen Zeiten inspirierte, lange vor den Verlockungen von Tui, Thomas Cook und anderen, zeigt ein Blick in die Kulturgeschichte. Aber woran liegt es, dass wir trotz all unseres Wissens nicht für immer unseren Frieden finden können, an den fernen Stränden, die wir mit ein paar Flugstunden erreichen können? Warum kehren wir fast alle immer zurück – in den europäischen Winter, in das Berufsleben, in einen Alltag, der täglich neue kleine und mittlere Katastrophen bereithält? Vielleicht liegt es daran, dass der moderne Mensch erst zu dem werden konnte, der er ist, weil er schon immer beides war: ein Wesen, das es liebt, anzutreten und sich im Tun und Erreichen von Dingen zu definieren, und gleichzeitig den ewigen Traum vom Paradies und den einsamen Stränden als immerwährenden Antrieb braucht. Das Konzept des Urlaubs wäre vor diesem Hintergrund mehr als nur das Versprechen auf Erholung. Es wäre die temporäre Einlösung eines Wunsches, der ohne sein Gegenbild komplett sinnlos blieb.

Alexander Kohlmann, geboren 1978, ist Germanist und Medienwissenschaftler und promovierte zu Erinnerungsträumen im Kino. Er arbeitet als Dramaturg und Autor und fragt sich jedes Jahr in den Theaterferien, warum wir eigentlich fast alle stets zurückkehren von den fernen Stränden und nicht einfach ein Leben lang dort bleiben – wie es ein befreundeter Segellehrer tut.

Die Heldinnen der Hessle Road

Hull war einst das Zentrum der britischen Hochseefischerei, viele Männer der Stadt haben ihr Leben im Nordmeer gelassen. Die Frauen an Land kämpften sich allein durch den Alltag. Und erfolgreich für schärfere Sicherheitsbestimmungen auf See

Text: Martina Wimmer Porträts: Simon Sharp

IM ERSTEN STOCK DES Maritime Museum von Kingston upon Hull, kurz Hull, einer mittelgroßen englischen Stadt am Ufer des Flusses Humber, der sich knapp 40 Kilometer östlich in die Nordsee ergießt, wird jeden Tag die Seite eines Buches umgeblättert. Es ist in Leder gebunden, in eine Vitrine gebettet, das Papier kunstvoll kalligrafisch beschrieben. Wer es berührt, muss Handschuhe tragen, das ist vielleicht auch eine Frage des Respekts. Gut 6000 Namen sind darin gelistet, verteilt auf die Tage eines Jahres, geordnet nach Daten, von denen sich manche tief eingegraben haben in das Gedächtnis der Stadt. Todestage, die, genau genommen, oftmals keine sind. Denn wer weiß schon, wann einer sein letztes Stoßgebet gesprochen hat, den letzten Atemzug getan – wenn er nie mehr zurückkommt in den Hafen, ins Leben. Wenn nichts mehr bleibt als ein Notsignal, ein hilfloser Funkspruch, eine Erinnerung an einen Mann, der ins Taxi stieg, mit einem Seesack und der Hoffnung auf reichlich Fang und gutes Geld.

„St. Andrews Memorial of Hull's Lost Fishermen" ist der Titel der traurigen Anthologie, eine späte Würdigung der Arbeiter des Meeres, die für Hull über Jahrhunderte identitätsstiftend waren. 1883 wurde der Hafen St. Andrew's eingeweiht, um 1930 verließen die Boote die leer gefischten lokalen Gewässer und suchten ihr Glück vor Island, Grönland, Kanada. In den 1970ern besaß Hull eine der größten Fischereiflotten der Welt.

„Wir müssen unsere Geschichte bewahren", sagt Jill Long. Leicht schnaufend ist sie erhobenen Hauptes die viktorianische Treppe des Museums hinaufgestiegen, den Aufzug hat sie verschmäht für ihren „geliebten Scarlett-O'Hara-Moment" und heiser gelacht dazu. Jill, 72 Jahre, kompakte Gestalt im wild gemusterten Stretchkleid, die blonden Locken fachmännisch gelegt, eine Handtasche in Überlebensgröße fest im Griff. Manche in Hull würden es erahnen, ob ihrer Haarfarbe und des Modemuts: Jill ist *fisherman's wife*, die Frau eines Fischers. Lange war das im gesellschaftlichen Leben der Stadt ein fester Begriff.

Seit 40 Jahren fahren keine Trawler mehr aus Hull nordwärts bis kurz vor die Eisgrenze, um tonnenweise Kabeljau aus dem Meer zu schaufeln. Quoten und Hoheitsrechte haben nicht nur die Industrie sterben lassen, sondern auch den Lebensstil derer, die wenigstens ihre Erinnerungen retten wollen. Vor einigen Jahren hat Jill mit einer Gruppe Gleichgesinnter Geld gesammelt, Buchbinder begutachtet, Illustratoren gesucht, seit 2005 liegen Stolz und Schmerz der Fischerfamilien im Museum hinter Glas.

In diesem warmen August ist eine Seite ohne Einträge aufgeschlagen, noch nie hat offenbar am Sechsten des Monats ein Fischer aus Hull sein Leben auf See verloren. Jills Schicksal steht auf einem ande-

Jill

Jill Long, 72, ist zweifache Witwe. Ihr erster Mann starb bei einem Schiffsunglück, kein Jahr nach der Geburt der ersten Tochter, der zweite erlag im Dienst an Bord einem Herzinfarkt

ren Blatt, sie bekommt es nie zu sehen, weil das Museum über Weihnachten schließt. Es war der 25. Dezember 1966, als sie die Nachricht bekam, dass ihr Tony für immer draußen bleiben würde. Sein Schiff, die „St. Finbarr", hatte Feuer gefangen, nur 13 von 25 Mann konnten gerettet werden. Jill war 19, als sie Witwe wurde und alleinerziehende Mutter, die erste gemeinsame Tochter war zehn Monate alt, die zweite unterwegs.

Im „Locarno Ballroom" waren sie sich zum ersten Mal begegnet, beim Nachmittagstanz für Teenager. Ihren weit schwingenden Reifrock hatte Jill eigenhändig genäht, dafür die Sprache verloren bei der ersten Annäherung an das andere Geschlecht. „Wir Mädels haben nur gekichert." Ernst wurde es erst, als Tony voll Freude erzählte, er werde Küchenjunge auf einem Fischtrawler. Eigentlich war er mit 15 per Gesetz noch zu jung, aber so genau nahmen es die Fischereibosse nicht.

Tony Harrison hatte viele gute Gründe, das Festland hinter sich zu lassen. Seine Mutter war an Tuberkulose gestorben, als er drei Jahre alt war. Wenn der Vater ins Pub ging, sperrte er ihn in ein winziges Zimmer. Tony hatte seine halbe Kindheit hinter Schloss und Riegel verbracht, bis die Stiefmutter bei ihnen einzog und ihn hinauswarf. Sein Leben würde fortan einem harten Zeitplan gehorchen. Gute drei Wochen waren die Schiffe unterwegs, drei Tage hatte die Besatzung Landurlaub, dann ging es wieder los. Aber wer gut war, konnte sich schnell hocharbeiten, von der Kombüse aufs Deck, konnte Boots- oder Steuermann werden, am Ende gar Kapitän. Würde mehr und mehr Geld verdienen und damit um sich werfen, in den Pubs auf der Hessle Road, die die Lebenslinie der Fischerfamilien war. Würde Maßanzüge ordern bei Waistells Schneiderei, schweren Goldschmuck kaufen für die Liebste bei Juwelier Hird, vielleicht sogar einen der glänzenden Neuwagen, in denen die

Yvonne

Nach der Protestversammlung stellen sich Yvonne Blenkinsop (r.) und Lillian Bilocca (l.) selbstbewusst der Presse

Das Unglück

Vor der Victoria Hall stauten sich die Kinderwagen, im Inneren die Emotionen. In weniger als vier Wochen waren im Winter 1968 drei Fischtrawler aus Hull mit 58 Mann versunken. Die Trauer und die Wut über die Fahrlässigkeit der Eigner ließen die Frauen an Land nicht mehr ruhen

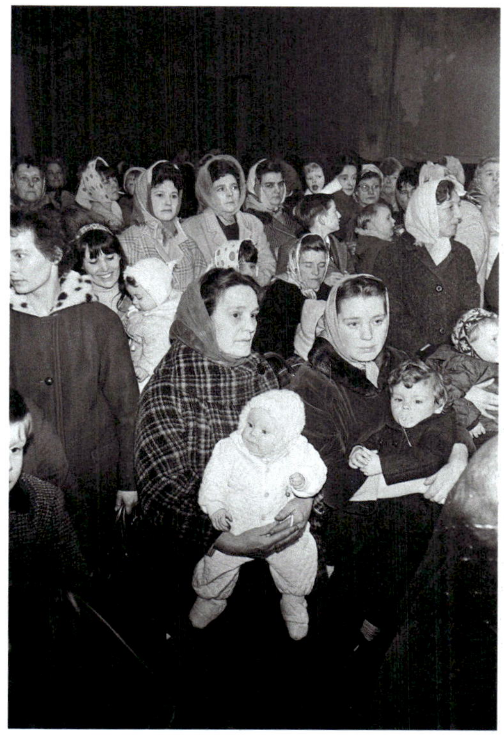

Mehr als 600 Menschen waren gekommen, um die leidenschaftlichen Reden von Yvonne und den Mitstreiterinnen zu hören

Kapitänsgattinnen mit frisch ausstaffierten Kindern am St. Andrew's Dock auf die Ankunft ihrer Männer warteten. Alle Jungs in den Häusern um die Hessle Road träumten vom Abenteuer auf See, die Mädchen träumten von den Abenteurern, und Jill Long bekam ihr erstes Liebestelegramm von Bord.

„I loved him to pieces", sagt Jill mehr als 50 Jahre und acht Urenkel später. Es gibt Sätze, die lassen sich schlecht übersetzen. Von Liebe und Verrücktheit würde man im Deutschen vielleicht sprechen, erst recht, weil sie ihren Eltern damals erzählte, sie erwarte ein Kind, was nicht stimmte, um Tony mit 17 endlich heiraten zu können, nach drei Jahren Heimlichtuerei. Der Vater brüllte: „Warum einen verdammten Fischer?" Aber er setzte die Unterschrift unter das Papier, das die Minderjährige zur Eheschließung brauchte. An einem sonnigen Frühlingstag im März 1965 versprachen Jill und Tony sich zu lieben, bis dass der Tod sie scheide. Es schien, als hätten sie die Zeit auf ihrer Seite. Jill wurde schnell schwanger, am 27. Februar 1966 kam Tochter Jane zur Welt, und Jills Vater sagte: „Das war aber eine lange Schwangerschaft."

Ein junges Glück in der Taktung der Fangzüge, das Leben komprimiert auf drei Tage im Monat, um den Menschen kennenzulernen, mit dem man die Zukunft teilen will. Um zu lieben, zu streiten, zu feiern und in einem weichen Bett die Folgen zu kurieren. Um Kinder zu machen, auf Fotografien im Arm zu halten, um als Familie an einem Tisch zu sitzen, als wäre alles ganz normal.

A

Am 16. November 1966 lief die „St. Finbarr" aus, sie war erst zwei Jahre in Betrieb und stets mit fetten Fängen heimgekehrt. Besatzungsmitglieder waren prozentual am Erlös beteiligt, Tony war stolz, dabei zu sein. Jill und er hatten ein Haus gefunden, ihr Vater und die Brüder unter Hochdruck geholfen, zu räumen, zu streichen, damit das Paar Tonys Landurlaub noch darin verbringen konnte. Kurz vor Weihnachten schickte Jill ihrem Ehemann ein Telegramm, er sollte wissen, dass er ein zweites Mal Vater würde. Den Weihnachtsabend verbrachte sie bei ihren Eltern.

Als am ersten Feiertag der Superintendent der Seemannsmission läutete, um Tonys Tod offiziell werden zu lassen, war Jill gerade dabei, ihr Baby zu baden. ➢

Drei Wochen auf See, drei Tage an Land, dann mussten die Männer wieder los

Der Protest

Ein spontaner Marsch (links) zu den Eignerbüros brachte kein nennenswertes Ergebnis. Wenige Tage später trafen Lillian Bilocca, Yvonne Blenkinsop und Mary Denness (rechte Seite unten, v.l.n.r.) die zuständigen Minister in London, um ihre Forderungen vorzutragen (rechte Seite oben)

An das Danach kann sie sich nicht mehr erinnern. „I've lost it", sagt sie, auch das klingt auf Englisch abgrundtiefer. „Ich war 19, hatte ein zweites Kind im Bauch, das Leben fing an und hörte gleichzeitig auf. Es ließ sich nicht begreifen."

Genauso wenig wie der sinnlose Gedankenkreisel, der sich bald in ihrem Kopf zu drehen begann. War es ein Zeichen, dass am Weihnachtsabend das Kaminfeuer außer Kontrolle geraten war, während irgendwo vor Neufundland ihr Mann in Flammen erstickte? Starb er schnell oder langsam, hat er an sie und die Tochter gedacht? War sie gar an allem schuld, weil sie ihm nachgeschaut hatte, als er an jenem Novembermorgen loszog, er sich deswegen umdrehte und ihr zuwinkte? Ein letzter Blick bringt Unglück, besagt ein Aberglaube der Fischer. Und Jill war nun zur Salzsäule erstarrt.

Fast ein Jahr lang hat sie das Haus ihrer Eltern kaum verlassen, in ihr eigenes, in dem sie mit Tony ganze drei Tage ihrer Ehe verbracht hatte, kehrte sie nie mehr zurück. Aber an einer Anhörung im September 1967 nahm sie teil. Es hatte dokumentierte Schäden an der Elektrik der „St. Finbarr" bei früheren Fahrten gegeben. Die Katastrophe wäre vielleicht vermeidbar gewesen, hätte nicht der Konkurrenzdruck, das Rennen um den besten Fang und höchsten Profit, viele Sicherheitsbedenken außer Kraft gesetzt. Das Risiko, bei der Arbeit zu Tode zu kommen, war in der Hochseefischerei seinerzeit 16-mal höher als in jeder anderen Industrie. Im Gerichtssaal traf Jill einen Überlebenden, er erzählte, ihr Telegramm sei noch angekommen auf der „St. Finbarr", sie hätten es an Bord gefeiert. Tony habe sich sehr auf sein zweites Kind gefreut. Jill sagt, es habe bald zehn Jahre gedauert, bis sie wirklich glauben konnte, dass er nicht mehr wiederkommt.

✦

In einer Ecke des Schaukastens gleich neben dem Erinnerungsbuch liegt ein Orden der britischen Krone, verliehen an Christine Jensen für „30 Jahre freiwilligen Einsatz, um die Arbeitsbedingungen von Fischern auf See zu verbessern". Die Trägerin des Ordens ist 2001 verstorben, wer ihre und die Geschichte ihrer Mitstreiterinnen kennenlernt, muss sich fragen, warum sie kein meterhohes Denkmal ehrt, an zentraler Stelle in Hull.

Erinnerungen verblassen, verschwinden, manchmal zu schnell, als dass es dabei gerecht zugehen könnte. Yvonne Marie Blenkinsop, 81 Jahre, ist die einzige Überlebende der vier Frauen, die als *Headscarf Revolutionairies*, Kopftuchrebellinnen, wie die Presse sie nannte, die britische Fischereiindustrie verändert haben. Vor ein paar Monaten war sie im Krankenhaus, man habe ihr, sagt sie, zu viel Morphium gespritzt, ihr Gedächtnis sei seither durchlöchert wie ein Sieb.

In ihrem kleinen Wohnzimmer am Rand der Stadt pflastert die Vergangenheit die Wände wie einen Schrein, auf einem Sessel thront Yvonne mit wallend silbrigblonden Haaren, als sei sie eine vergessene Prinzessin. 27 Jahre hat sie als Sängerin in Nachtclubs gearbeitet, eine strahlende Schönheit in Satin. Doch auf den Fotos aus dem Winter 1968, die ihren größten Auftritt dokumentieren, verzerrt die Wut ihr Gesicht. Yvonne, 28-jährig, hochtoupiertes Haar, Ledermantel, Seidentuch, brüllt in das Mikrofon eines Reporters. Ihr mögen die Namen der Damen, die ihren Aufruhr teilten – Christine Jensen, Lillian Bilocca, Mary Denness –, fehlen. Das Gefühl, und wo es herkam, hat sie sofort wieder parat.

Yvonne Blenkinsop wuchs in einer Familie von Fischern auf, über Generationen fuhren die Männer zur See. Wie heute höre sie das Gezeter ihrer Mutter, als man ihren Vater kurzfristig heuern wollte, weil ein Mann ausgefallen war. „Nein, nein, nein, er wird nicht gehen!", schrie die Mutter die Männer, die mitten in der Nacht an die Tür geklopft hatten, an. „Er ist gerade erst gelandet, er hat seine Kinder noch nicht einmal richtig gesehen. Verschwindet!" Das Schiff, auf dem ihr Vater dann nicht ausgeholfen hat, ist bei dieser Fahrt gesunken. Gleich zwei Trawler gingen im Januar 1955 ver-

loren, *with all hands*, mit Mann und Maus.

Yvonne ließ seitdem die Angst um den Vater nicht mehr los. Jeden Abend suchte sie im Radio Kanäle, die Signale von Schiffen empfingen. Lauschte Gesprächen der Eltern, spürte die Sorge, die mitschwang, und in ihr wuchs der Zorn. „Ich war wie besessen davon." Fünf Jahre nachdem er dem Unglück entkommen war, starb der Vater an einem Herzinfarkt auf hoher See. Er hinterließ sechs Kinder, Yvonne war die älteste, damals 20, und sie ist sich immer noch sicher: Hätten die Trawler Begleitboote mit Notfallstation und Arzt an ihrer Seite gehabt, hätte er überlebt.

Es gab so vieles, was die Männer außer Wetter, Wellen und Wind gefährdete. Sie mussten die Ausrüstung für die Fahrten in Temperaturen bis zu minus 15 Grad selbst bezahlen, mancher kam zurück mit Händen, die aussahen wie Ballons. Viele Schiffe fuhren ohne Funker, der Kapitän übernahm den Posten mit, er war außerdem im Notfall der Arzt an Bord. Im Winter, vor allem über Weihnachten, taten sich die Eigner schwer, Leute zu bekommen, es wurde dann jeder geheuert, ohne Rücksicht auf Alter, mangelnde Erfahrung, körperliche Konstitution. Sie haben sie volltrunken aus den Pubs gepflückt und auf Schiffe verfrachtet, die in die dunkelsten Schneestürme fuhren. Meterdick fror oft das Deck ein, und wenn die Besatzung das Eis nicht schnell genug zerhackte, kippte das Schiff einfach um. *Christmas cracker crews* nannte man auf der Hessle Road die hilflosen Gestalten im Nordmeer. ➢

Viele Schiffe fuhren ohne Funker, der Kapitän übernahm den Posten mit. Er war im Notfall auch der Arzt an Bord

Yvonne

Yvonne Blenkinsop, 82, gerät immer noch in Rage, wenn sie von ihrem Kampf für die Sicherheit der Fischer erzählt

Im Winter 1968 sanken in weniger als vier Wochen drei Trawler aus Hull. Die „St. Romanus“ verließ den Hafen am 10. Januar mit 20 Mann, ein Funkspruch am selben Abend war das letzte Lebenszeichen der Besatzung. Am selben Tag war die „Kingston Peridot“ mit 20 Leuten ausgelaufen, am 26. Januar meldete der Kapitän Probleme wegen starker Vereisung, am 29. wurde ein leeres Rettungsboot des Schiffes an Islands Küste angeschwemmt. Am 20. Januar fuhr die „Ross Cleveland“ von Hull aus los, der Sturm, in den sie am 4. Februar nordwestlich von Island geriet, war einer der schwersten seit Jahrzehnten. Andere Schiffe suchten in einer Bucht bei Ísafjörður Schutz, die die „Ross Cleveland“ nicht mehr erreichte. Der letzte Funkspruch des Kapitäns lautete: „Ich kentere. Helft mir. Schickt meine Liebe und die der Crew unseren Frauen und Familien.“ Die Männer auf den anderen Booten sahen den Trawler mit 19 Kollegen untergehen.

Als traurige Alliteration ist diese *Triple Trawler Tragedy* in der kollektiven Erinnerung der Stadt eine feste Größe. Im späten Januar 1968 aber kroch die brutale Wahrheit wie ein schleichendes Virus in die Verästelungen des Lebens auf der Hessle Road. Die Anwohnermeile des Fischereihafens funktionierte damals wie ein Dorf. Ein Tunnel führte vom Ufer des Humber, wo die Schiffe anlandeten und die Eigner in ihren Büros residierten, unter der heutigen A63 hindurch in das Herz der eingeschworenen Gemeinschaft. Die Hessle Road war ihr Kosmos, eine pulsierende Ader, gesäumt von Pubs und Läden, deren Angebot ein Spiegelbild des Bedarfs: Schneidereien, Juweliere, Süßigkeiten und Spielwaren für die spendierfreudigen Seefahrer an den *settling days*, Metzger, Bäcker, Lebensmittel- und Fischhändler, Post- und Telegrafenamt als alltägliche Anlaufpunkte ihrer schicksalsergebenen Frauen an Land. Sie waren die Managerinnen von Haushalt, Finanzen, Kindererziehung, allein gelassen bis auf wenige Tage im Jahr. Für Angst und Sorgen hatten die meisten gar keine Zeit.

Die Hessle Road war, sagt Yvonne, trotz der Härte des Daseins, ein großartig energiegeladener Ort. Die Gehsteige umwabert vom strengen, aber vertrauten Geruch der Fischfabriken, bevölkert von stöckelnden Ehefrauen mit Turmfrisuren, von rotzfrechen Halbwüchsigen, euphorischen Heimkehrern und den Laufburschen der Eigner auf der steten Suche nach neuem Personal. Jede Straßenecke eine Nachrichtenbörse, jede Begegnung ein Gesprächsbeginn, jede mit jeder und jedem über ein paar Ecken bekannt, verwandt und alle sehr tief verwurzelt. Wenn die Frauen an den Zahltagen ihren Teil der Heuer abholten, nannte man das *pram race*, Kinderwagenrennen. In den Läden hingen Listen aus, die die Rückkehr der Schiffe ankündigten, aufgeputzt standen Frauen und Nachwuchs dann am Hafen zur Begrüßung. Größter Kinderspaß war es, wenn sie durch die Luft flogen und an Deck sicher in den Armen ihrer Väter landeten. Nie sei ein Kind dabei zu Schaden gekommen, beteuert Yvonne.

Es war nicht ungewöhnlich, von Schiffen längere Zeit keine Meldung zu bekommen. Die Kapitäne wollten die Positionen, wo sie reiche Beute machten, nicht der Konkurrenz preisgeben. Doch je länger sich die Ungewissheit zog, umso gedämpfter wurde der Tonfall an den Tresen der Pubs. Es verkümmerten die Worte, die man sich sonst gut gelaunt über Ladentheken zuwarf, und verwandelten sich in Schweigen, wenn eine eintrat, deren Mann, Sohn, Vater, Bruder auf einem der abgängigen Schiffe war. Bis die Titelseite der „Hull Daily Mail“ schwarz auf weiß verkündete, was keiner wirklich wahrhaben wollte: „Second Trawler Missing, Hope Fades For The St. Romanus“.

Lillian Bilocca war die Erste, die die Stille nicht mehr ertragen konnte. Sie war 39, Arbeiterin in einer Fischfabrik, ihr Sohn Ernie unterwegs auf einem Trawler irgendwo vor Island, in denselben Stürmen, derselben Gefahr. „Petition für die Sicherheit von Fischern auf See, sichere Arbeitsbedingungen sofort – kein Auslaufen ohne vollständige Besatzungen“ war die Überschrift einer Liste, mit der sie begann, durch die Pubs zu ziehen. Schon am nächsten Tag war aus der Aktion eine kleine Bewegung geworden, die ganze Straße belagert von spontanen Mitstreiterinnen. Sie sammelten Tausende Unterschriften in weniger als 48 Stunden, die düpierten Männer der bislang eher machtlosen Gewerkschaft besorgten den zornigen Frauen einen Versammlungsort.

Yvonne Blenkinsop war damals nicht so schnell auf der Straße, aber in ihrem Kopf tobte der alte Aufruhr mit jeder Schreckensmeldung stärker. Nach ihren Auftritten saß das *Golden Girl with the Golden Voice*, wie die Plakate sie ankündigten, schlaflos am Küchentisch, schrieb Blatt um Blatt voll, was sich ändern müsste in der Fischerei.

Wenn sie heute präzise von ihren damaligen Forderungen spricht, verfällt sie mit einer Vehemenz ins Präsens, als habe sie wieder die Mikrofone der Reporter vor sich. „Die Männer draußen brauchen wetterfeste, warme Schutzkleidung, unabhängig funktionierende Notsignalsysteme, ein Begleitschiff mit Arzt, vollständige Crews mit Funker, Sicherheitsleinen an Deck, keine unerfahrenen Kinder in der Besatzung und moderne Hilfsmittel gegen die Vereisung. Und keiner sollte mehr im Winter in Sturmgebiete fahren.“

Am Tag der Versammlung meldete die „Hull Daily Mail“: „St. Romanus Given Up. Time Runs Out For Peridot“ – und dass Premier Harold Wilson die zuständigen Minister angewiesen habe, sich mit den Frauen aus Hull zu treffen. Vor dem Eingang der Victoria Hall stauten sich die Kinderwagen, im Inneren die Emotionen. Yvonne Blenkinsop wollte ein Geburtstagsgeschenk für ihren Mann kaufen, doch als sie den Menschenauflauf sah, änderte sie ihren Plan sofort. Sie rief ihn an und bat, ihr Lautsprechersystem zur Halle zu bringen. Sie würde eine Rede halten, die Rede ihres Lebens.

„Ich bin hier aufgewachsen, ich kenne den Schmerz der Frauen, die jetzt leiden! Mein Vater starb vor vier Jahren auf See. Ich würde nicht für eine Million Pfund da raus fahren, aber unsere Männer tun es, diese Narren mit Herzen aus Gold. Sie sind zu beschäftigt damit, für ihre Familien zu sorgen, um für ihre eigenen Rechte zu kämpfen. Wir werden es für sie tun!“ Und als die aufgewühlte Versammlung eine Abordnung bestimmte, um vor den Ministern in London zu sprechen, war Yvonne Blenkinsop eine klare Wahl.

Yvonne sagt, der Winter 1968 sei der kälteste gewesen, an den sie sich erinnern kann, und dass sie sich nicht nur Freunde gemacht hätten mit ihrer Aktion. Es gab genug Fischer auf der Hessle Road, die der Meinung waren, die Frauen mischten sich in Dinge ein, von denen sie nichts verstünden. Kapitäne, die sich nicht aufhalten lassen wollten, als plötzlich Zweifel aufkamen, ob überhaupt noch jemand hinausfahren sollte in den arktischen Frost. Lillian Bilocca hatte versucht, zu kontrollieren, ob Besatzungen vollständig waren, Funkanlagen funktionierten, sie wurde von der Polizei abgeführt, als sie auf ein Schiff springen wollte. Yvonne schüttelt darüber noch heute den Kopf, eine Frau am Dock, wenn ein Trawler ausläuft, das bringe größtmögliches Unglück und ging auch ihr damals zu weit. Dabei hat sie selbst eine Ohrfeige von einem erzürnten Fischer kassiert, als sie am Abend der Versammlung mit ihrem Mann in einem Restaurant doch noch Geburtstag feierte.

Für die Reise nach London musste Yvonne sich den Pelzmantel ihrer Mutter borgen, fast hätte sie deswegen den Zug verpasst. In den Abteilen saßen mehr Journalisten als normale Passagiere, in Londons King's Cross wurden sie von einer jubelnden Menge empfangen, als wären sie die Beatles. In der Zwischenzeit war das Unglück des dritten Schiffes, der „Ross Cleveland“, publik geworden. Die Politik wurde von den Geschehnissen überrollt und von einem „Hausfrauenaufstand“ in ihrer bisherigen Untätigkeit vorgeführt. In Regierungskreisen herrschte große Nervosität.

Yvonne Blenkinsop berichtet mit dem Abstand des Alters abgeklärt von ihrem Einblick in das Zentrum der Macht, aber vielleicht hat der gesunde Stolz des Arbeiterkinds sie auch damals schon sicher durch die kathedralenhohe St. Stephen's Hall in den Westminster Palace stolzieren lassen. Es gab Lunch für die Damen im Strangers Dining Room, wo von samtroten Wänden goldgerahmte Perückenträger in Öl auf sie herabblickten. Und schließlich das Treffen mit den zuständigen Ministern für Handel, J. P. W. Mallalieu, und für Fischerei, Fred Peart. „Sie rochen nach Whisky“, sagt Yvonne immer noch leicht triumphierend. „Aber der eine war wirklich reizend. Ich sagte zu ihm: ‚Schätzchen, wir gehen hier nicht raus, bevor wir zufrieden sind.‘ Also gingen wir unsere ganze Liste mit ihm durch, und am Ende sagte er: ‚Ladies, versprochen, ihr bekommt alles, was ihr wollt.‘“ Das Zugeständnis kam von ganz oben. Premier Harold Wilson hatte die Minister angewiesen, die Frauen aus Hull zu unterstützen, mit aller Kraft.

B

Bereits zwei Tage später versammelte Mallalieu die Vertreter der Fischereiindustrie in seinem Ministerium, er hatte „hartes Durchgreifen“ angekündigt. In nur drei Stunden wurde ein Katalog an Auflagen von historischem Ausmaß verabschiedet. Alle britischen Hochseetrawler wurden zurückbeordert, das Fischen ausgesetzt, bis das Wetter sich bessern würde. Ein Funker an Bord war hinfort unter Strafe verpflichtend, Sicherheitsleinen an Deck wurden obligatorisch, ebenso wie das Begleitboot für jeden Fangzug und umfangreiche Kontrollen vor jedem Auslaufen. Die vergangenen Unglücksfälle sollten eingehend untersucht werden. Alle Bestimmungen galten ab sofort.

Ein Vertreter der Industrie würde kurz darauf angesichts der wirtschaftlichen Ausfälle grollen: „Eine Abordnung von Frauen klopft an die Tür von No. 10 Downing Street, und plötzlich ist alles, was wir machen, falsch.“ Doch der Bericht der Untersuchungskommission, der ein Jahr später veröffentlicht wurde, sprach eine ebenso deutliche Sprache: „Auf allen Hierarchieebenen der Industrie ist das Problem ein Grundsätzliches. Es regiert eine fatalistische Haltung gegenüber der Gefahr. Viele halten die hohe Unfallrate für mehr oder weniger unvermeidbar. Doch die Mehrheit der Unglücke hätte sich verhindern lassen.“

✦

Am Ufer des Humber, wo früher das Dock der goldenen Erinnerungen war, gähnt heute eine Brache. Die sichtbaren Zeichen menschlicher Existenz sind ein Baumarkt, ein Discounter für Autozubehör und einer für Haustierbedarf. Ein paar hundert Meter weiter sieht man zerfallende Kühlhäuser, Fabriken und Bürogebäude, schwere Eisenpoller und vergessene Mauern. „Wo wir jetzt stehen“, sagt Jill Long, „war überall Wasser.“ Mit festen Schritten marschiert sie querfeldein, als wären da nicht Gestrüpp und unwegsames Erdreich unter ihren Pumps. Man müsse auch das noch gesehen haben, sagt sie, die eingeworfenen Scheiben, die Müllhaufen in den Ruinen, sie könne nicht verstehen, warum sich nichts hier schützen lässt.

Jill hat nach Tonys Tod wieder einen Seemann geheiratet. Sie hatten 33 gemeinsame Jahre, bevor John Long auf einem Schiff im Persischen Golf mit 53 Jahren einem Herzinfarkt erlag. Das harte Leben an Bord und das ungesunde an Land hat viele Seemänner aus Hull früh sterben lassen. In einer Mauer am Ufer des Humber sind Gedenktafeln für die Fischer eingelassen, auch dafür hat sich Jill eingesetzt. Sie lehnt sich an die Steine und lacht. „Die Mauer gab es früher nicht, es ging hier direkt hinunter ins Wasser. Wir standen mit den Kindern am Rand und haben die Schiffe kommen sehen. Gesundheit und Sicherheit, das hat damals niemanden interessiert.“

US-amerikanischen und kanadischen Statistiken zufolge ist Hochseefischerei bis heute die gefährlichste Branche der Welt. Jedes Jahr gehen Schiffe unter, werden Männer über Bord gespült. Jill Long blickt über das schlammbraune Wasser des Flusses, es scheint, als würde sie selbst nicht mehr hören, was sie an diesem Tag zum wiederholten Mal sagt: „Wir müssen ihre Geschichte bewahren.“

mare-Redakteurin Martina Wimmer war froh, dass sie eine ganze Woche in Hull verbracht hat. So konnte sie sich an den Akzent der Frauen gewöhnen, um sie ansatzweise zu verstehen. Der britische Fotograf Simon Sharp erhielt für seine Porträtserie „The Women“ den British Life Photography Award.

Der Austernambassadeur

Svend Bonde war Maschinist, Konstrukteur und Berufstaucher. Doch seit 25 Jahren fährt er lieber mit seinem Kutter auf den Limfjord, um Austern heraufzuholen – und sie weltweit berühmt zu machen

Text: Bernd Hauser   Fotos: Cathrine Ertmann

Heute ist sie eine der mächtigsten Frauen der Welt. Vor acht Jahren war Margrethe Vestager nur die Chefin einer linksliberalen Kleinpartei im Kopenhagener Parlament. Bei einem Lunch mit der Sozialdemokratin Helle Thorning-Schmidt im Restaurant „L'Alsace" bestellte sie Austern vom Limfjord – und entdeckte in einer eine Perle. Bei Limfjord-Austern ist das ungefähr so selten wie ein Lottogewinn.

Vestager ließ das Perlmutt, klein wie ein Stecknadelkopf, in einen Ring fassen und nahm es zu Recht als gutes Omen: Nach den folgenden Wahlen wurde sie als Superministerin für Wirtschaft und Inneres so mächtig, dass Ministerpräsidentin Thorning-Schmidt sie 2014 gern nach Brüssel ziehen ließ. Dort lehrte sie fortan als Wettbewerbskommissarin Großkonzerne das Fürchten und belegte Google und Apple mit Milliardenbußen.

Am 7. September 2011, kurz nach dem Restaurantbesuch, postete Vestager bei Facebook einen offenbar schnell hingeworfenen Satz: „Das ist der Fischer, der die Auster fing, die die Perle machte, die ich fand." Das Foto dazu zeigt sie in ihrem Büro zusammen mit einem Mann mit raspelkurzem Haar.

Auch für den Fischer war die Auster ein gefundenes Fressen. Svend Bonde, 46, hat sich zum Maschinisten, Konstrukteur und Berufstaucher ausgebildet, doch schon seit 25 Jahren fährt er mit seinem Kutter hinaus auf den Limfjord und holt Miesmuscheln und Taschenkrebse vom Grund des seichten Sallingsunds, vor allem aber Austern. „Sie sind meine Lebensaufgabe geworden", erzählt er in seiner „Østersbar" (Austernbar) in Glyngøre.

Wir sitzen an der Theke, die Bonde aus Bahnschwellen aus Eichenholz gezimmert hat, und er erzählt: Die erste Lieferung der Saison bringe er den Sternerestaurants in Kopenhagen und der Küche am königlichen Hof persönlich vorbei. Dann brauche er immer jemanden, der ihn nach Hause fährt. Denn die Chefs köpften vor Freude über seine Mitbringsel gerne eine Flasche Champagner. Er erzählt, dass er so lange an die Post geschrieben habe, bis sie tatsächlich eine Briefmarkenserie über Schalentiere herausgab. Er beschwatzte den Braumeister auf der Insel Fur immer wieder, und tatsächlich leerte der schließlich einen Sack Austern in die Maische und braute ein Stout daraus. Bonde sieht sich als den Austernambassadeur vom Limfjord, den Dänemark so dringend brauche.

Zwar ist das Meer nirgends weit; allein am Limfjord gibt es 1000 Kilometer Küstenlinie. Doch die Dänen essen wenig heimischen Fisch und noch weniger Meeresfrüchte. Das Nationalgericht ist Schweinebraten, und vor dem Fernseher isst man gerne *flæskesvær*, frittierte Schweineschwarten. Das mag daran liegen, dass die Dänen jahrhundertelang mehr Bauern und Händler waren als Feinschmecker. Die Limfjord-Austern gehen fast komplett in den Export, vor allem in die Sternerestaurants im nordspanischen Galicien. Nur eine von 100 wird in Dänemark verspeist. „Das kann doch nicht sein!", ruft Bonde. „Wir haben die perfekte Rohware direkt vor der Nase und schätzen sie nicht."

In der Tat ist die Limfjord-Auster etwas ganz Besonderes. 94 Prozent der weltweit verzehrten Weichtiere stammen aus Aquakulturen. Gewöhnlich handelt es sich dabei um Pazifische Austern, die ungeöffnet an eine geballte Faust erinnern. Die Limfjord-Auster dagegen hat eine flache Schale, es handelt sich um die Art *Ostrea edulis*, die Europäische Auster, die lediglich 0,2 Prozent am weltweiten Verzehr ausmacht – weil sie durch Überfischung fast ausgerottet ist. Der Limfjord ist einer der wenigen Orte, wo die Europäische Auster noch wild lebt. Weiter nördlich kann sie kalte Winter kaum überstehen. Für René Redzepi, Chef im Kopenhagener Restaurant „Noma", ist die Wassertemperatur auch der Grund, warum die Limfjord-Auster die beste der Welt sei: Je kälter das Wasser, desto langsamer das Wachstum und desto intensiver der Geschmack.

Bonde öffnet einige Exemplare und serviert sie roh auf einem Bett aus Tang. Sie haben Biss, sind ungewöhnlich fleischig, schmecken sanft salzig mit einer Ahnung von nussig – ein Fest. 40 Kronen (5,35 Euro) kostet das Stück. „Das Wunderbare ist: Ich sehe in meiner Bar nur in fröhliche Gesichter", sagt Bonde. „Wer Austern isst, ist nicht griesgrämig."

Überbackene Limfjord-Austern

Zutaten (für vier Personen)
24 Limfjord-Austern, Butter, 2 Knoblauchzehen, 3 Zitronen oder 24 Sanddornbeeren, 250 g Mozzarella.

Zubereitung
Die Austern öffnen. Auf jede etwas Butter und gepressten Knoblauch streichen. Entweder mit drei Tropfen Zitrone beträufeln oder eine Sanddornbeere dazugeben. Dann mit Mozzarella bedecken. Die Austern für zehn bis zwölf Minuten bei 200 Grad im Ofen backen oder auf den Grill legen.

Østersbar
Kassehusvej 5, Glyngøre.
Tel. +45 97 73 23 30.
Geöffnet Do und Fr von 11 bis 17 Uhr, Sa von 11 bis 15 Uhr sowie nach telefonischer Absprache.
www.danishshellfish.com/oysterbar

Oben **Svend Bonde blickt von seiner Küche auf den Sallingsund.** *Unten* **Austern fühlen nichts, wenn sie roh verspeist werden, denn die Weichtiere sind gehirnlos. Man kann sie aber auch gratinieren, sagt Bonde**

Text: Stefan Nink
Fotos: Nick Hannes

Zwei Orte ...

Dort Schnee, hier Palmen – St. Anthony in Kanada und Cork in Irland liegen auf dem 51. Breitengrad, könnten aber

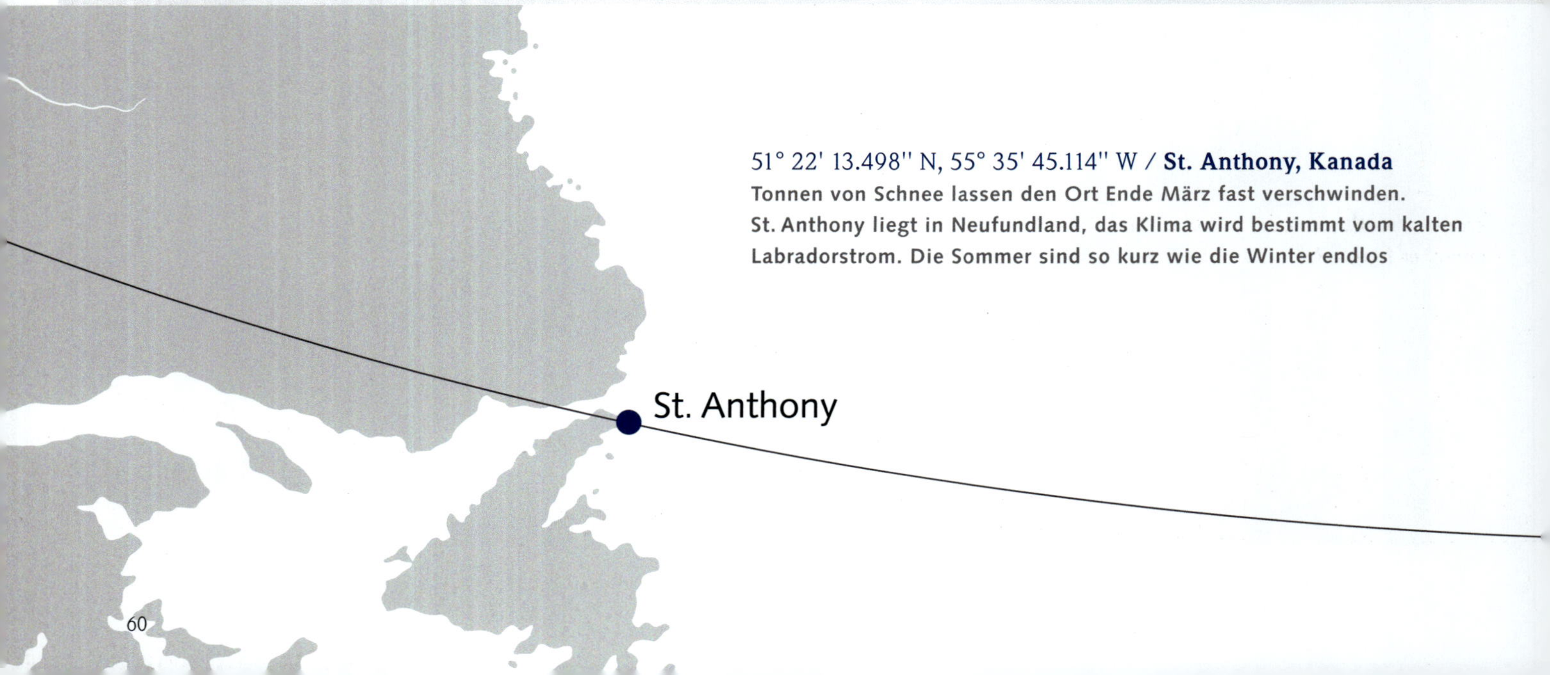

51° 22' 13.498'' N, 55° 35' 45.114'' W / **St. Anthony, Kanada**
Tonnen von Schnee lassen den Ort Ende März fast verschwinden. St. Anthony liegt in Neufundland, das Klima wird bestimmt vom kalten Labradorstrom. Die Sommer sind so kurz wie die Winter endlos

... ein Breitengrad

ungleicher kaum sein. Der Golfstrom macht den Unterschied. Unser Reporterteam hat beide Orte besucht

51° 53' 52" N, 8° 28' 14" W / **Cork, Irland** Ende März hat hier der Frühling schon begonnen. Das Klima in Cork wird zum einen vom Golfstrom beeinflusst. Zum anderen vom Atlantik an sich, der als Wärmespeicher fungiert. Von dort bringen die Westwinde das milde Wetter

Egal wie hoch der Schnee in St. Anthony liegt, die Fishing Point Road ist immer frei. Sie ist die einzige nennenswerte Straße im Ort und wird nach jedem Schneefall geräumt, gründlich und so schnell wie möglich. An der „Road" findet sich alles, was wichtig ist: die Tankstelle, der Baumarkt, die beiden Hotels, der Autohändler, die kleine Mall und die Kirchen

Cork, Irland

ER FINDET DIE FOTOS IM MOMENT LEIDER NICHT, aber die seien eigentlich auch nicht nötig, sagt Dr. Kieran Hickey – man müsse sich die Gelbgefleckte Wegschnecke einfach vorstellen wie eine normale Nacktschnecke. Er hält Daumen und Zeigefinger der linken Hand auseinander. „Etwa so groß. Ist gesprenkelt und ein wenig dicker als andere Arten, die *Geomalacus maculosus*. Eine absolute Rarität." Er öffnet noch ein paar weitere Ordner auf seinem Computer, in denen Fotos von Stränden und Wiesen und Waldhainen stecken und welche von Fischerbooten und Brücken, alles mögliche also, bloß Aufnahmen der Gelbgefleckten Wegschnecke sind nicht dabei. „Auf jeden Fall ist die Art ein Indikator für das Klima in Cork." Er öffnet weitere Ordner auf dem Bildschirm. Noch immer keine Schnecke. „Sonst lebt die bloß noch im nördlichen Spanien und in Portugal. Nirgendwo dazwischen. Weiter nördlich ist es ihr eigentlich viel zu kalt. Bei uns scheint sie sich aber wohlzufühlen."

Hickey gibt die Suche auf. Er schlägt vor, die Unterhaltung draußen fortzusetzen, bei dem Wetter heute, wäre doch nett. Er sieht aus dem Fenster. „Falls wir da noch einen Sitzplatz finden." Der Rasen des University College Cork sieht aus wie eine große Picknickwiese. Die Bänke sind ebenfalls alle besetzt. Es ist Ende März in Cork, und es sind knapp 20 Grad am Vormittag.

Bevor wir zum Frühling in Irland kommen und den ungewöhnlichen Temperaturen im März: Cork im Schnelldurchgang. Die zweitgrößte Stadt der Republik Irland liegt im Südosten der Insel auf 51° 53' 52" N, 8° 28' 14" W und hat gut 130 000 Einwohner. Im unmittelbaren Umland leben noch einmal 70 000. Von Dublin abgesehen trifft man in Irland nirgendwo sonst auch nur annähernd so viele Menschen. Wie in vielen anderen irischen Städten gibt es auch in Cork noch viel alte, ältere und noch ältere Bausubstanz: Die Red Abbey stammt aus dem 14. Jahrhundert, Elizabeth Fort ist Baujahr 1649, die Mehrheit der Innenstadtgebäude wurde im späten 18. Jahrhundert im georgianischen

Zwei Pensionäre haben es sich auf Klappstühlen gemütlich gemacht. In Cork spielt sich bereits ab März das Leben oft im Freien ab – wenn es nicht gerade regnet. Die Temperaturen steigen schon bis 20 Grad, die Terrassen der Cafés sind voller Menschen, ebenso die Wiese vor dem University College Cork

Stil erbaut. Vor so viel Tradition mutet die gläserne Fassade des Opernhauses beinahe futuristisch an. Als Wahrzeichen der Stadt gilt der Kirchturm von St. Anne im Stadtteil Shandon, auf dessen Spitze kein Kreuz, sondern ein gewaltiger Lachs sitzt, eine Verneigung an die Fischereivergangenheit der Stadt (und eine Anspielung auf das urchristliche Fischsymbol).

Das University College Cork gilt als eine der besten Hochschulen Irlands; seine Studenten verleihen der alten Stadt ein jugendliches Flair und eine internationale Atmosphäre. Wer durch Cork schlendert, hört immer wieder Spanisch, Französisch oder Russisch. Etliche Leute in Cork behaupten, ihre Stadt sei so, wie ganz Irland gern wäre: fest verankert in der Tradition und optimistisch in eine globale Zukunft schauend.

Ja, ja, meint Hickey, das sei bestimmt so: eine schöne Stadt und tolle junge Menschen aus der ganzen Welt. Viel Kultur, gute Freizeitangebote. Das Meer sei ja auch nicht weit. Und das Wetter für irische Verhältnisse ganz passabel, nur knapp über 200 Regentage im Jahr, da könne man nicht klagen, Dublin sei da weitaus nasser. Trotzdem weiß Hickey offenbar nicht so recht, ob er sich über die Sonne und die Wärme an diesem Märztag freuen soll.

Der Wissenschaftler forscht am Geografischen Institut der Universität zum Einfluss des Klimas auf Küstenregionen, so jemand registriert einen viel zu milden Frühlingstag naturgemäß differenzierter als ein Eisverkäufer oder Cafébesitzer. Hickey erklärt, dass Cork natürlich für sein gemäßigtes maritimes Klima bekannt sei. Dank des Golfstroms seien die Winter so gut wie immer frostfrei. In den vergangenen neun oder zehn Jahren aber habe es immer wieder diese heftigen Ausschläge nach oben oder nach unten gegeben. Er nickt einer Gruppe Geografiestudenten zu, die auf dem Rasen liegen, tatsächlich zu lernen scheinen und ihren Doktorvater grüßen. Dann sieht er gedankenverloren auf den Rasen. Möglicherweise hält er nach der Gelbgefleckten Wegschnecke Ausschau. ➣

In Neufundland gibt es keine Eisbären, normalerweise. Aber in St. Anthony hat man Erfahrung mit denen, die im Frühjahr manchmal auf einer Eisscholle angetrieben werden. Die meisten schwimmen nach kurzer Zeit wieder zurück nach Labrador. Wenn kein lebender Eisbär zu sehen ist, wird Besuchern der tote empfohlen: ein ausgestopftes Exemplar im Foyer der Verwaltung

Es ist also Frühling in Cork, und an so einem Spätmärztag sieht die Stadt aus, als habe sie sich für TripAdvisor und Instagram in Schale geworfen. Alles wirkt wie frisch gewaschen, die Luft vom Meer ist klar und trägt einen Hauch von Salz, die jungen Leute wiederum tragen kurze Hosen, und die Yuccapalmen in den Vorgärten der bunt gestrichenen Reihenhäuser sehen im Sonnenschein tatsächlich aus, als gehörten sie hierher.

Cork ist eine Stadt für Fußgänger, sein Zentrum kompakt und mit seinen geradlinigen Straßen und Gassen leicht überschaubar. Auf der St. Patrick's Street reihen sich die europaweit üblichen Verdächtigen aneinander, schwedische Modeläden, amerikanische Kaffeehausfilialen und alle anderen, die sich die horrenden Quadratmetermietpreise leisten können (nach Dublins Grafton Street gilt Corks St. Patrick's Street als Irlands teuerste Meile). In den engeren Straßen rechts und links liegen kleine, inhabergeführte Läden, die seit 1976 oder vielleicht auch 1954 nicht viel an ihrem Angebot geändert haben: Handschuhe, Herrenhüte, karierte Strickpullover, Kekse, Tee und Toffees.

Seine Ursprünge verdankt die Stadt vermutlich einer Klosteranlage, die der Bischof (und spätere Heilige) Finbarr Mitte des sechsten Jahrhunderts an jener Stelle gegründet haben soll, wo heute die Saint Fin Barre's Cathedral steht. Möglicherweise war es dieses Kloster, das zu Beginn des zehnten Jahrhunderts die Wikinger anlockte, vielleicht hatten die seefahrenden Skandinavier die irische Südostküste aber sowieso nach einem Siedlungsplatz abgesucht und diesen an der Mündung des River Lee gefunden. Sie jedenfalls gelten als die Gründerväter Corks. Im späten zwölften Jahrhundert kamen dann neue Eroberer, diesmal aus England. Anschließend blieb die Stadt für die längste Zeit des Mittelalters ein Außenposten der englischen Herrscher, konfrontiert mit einem meist feindselig gestimmten gälischen Umland.

Schon damals nutzte Cork seinen Zugang zum Meer und betrieb Handel mit dem kontinentalen Europa. Die Stadt selbst liegt

Die Teenager in Schuluniform vertreiben sich die Zeit auf einem Hügel, von wo aus man einen wunderbaren Blick auf die Stadt hat. In Cork gibt es noch viel alte Bausubstanz: Die Red Abbey stammt aus dem 14. Jahrhundert, und die Mehrheit der Innenstadtgebäude wurde Ende des 18. Jahrhunderts im georgianischen Stil erbaut

zwar nicht unmittelbar am Meer (ihr gälischer Name Corcaigh bedeutet so viel wie „Marschland"), die Buchten zwischen Flussmündung und offener See aber nutzten Corks Herrscher schon früh. Der Golfstrom hält sie auch in den kältesten Wintern eisfrei; Inseln und Inlets bieten Ankerplätze, die vor Sturm und Wellengang geschützt sind. Als sich später die ersten Industriezweige entwickelten, wurde Corks Hafen immer wichtiger. Hier kamen Waren an und wurden in den Süden geliefert, von hier verließen irische Produkte die Insel auf ihrem Weg in die Welt. Corks Webereien produzierten hochwertige Textilprodukte, aus seinen Brauereien kamen Stout und Ale, von den landwirtschaftlichen Betrieben im Umland die berühmte Kerrygold-Butter.

Und natürlich wurde Fisch verladen. Pat O'Connell kann sich gut daran erinnern, wie er als kleiner Junge im Hafen herumstromerte und die Beschriftungen der Heringsfässer zu entziffern versuchte. „An-ti-gu-a. Antigua stand da auf manchen. Das lag in der Karibik. Ach, was hab ich damals von der weiten Welt geträumt!" Jetzt kann er aber erst einmal nicht weitererzählen, weil sein Handy klingelt und draußen zwei Leute auf ihn warten, die, wie sich herausstellt, eigentlich nur kurz Hallo sagen wollten.

O'Connell ist Fischhändler, möglicherweise der bekannteste ganz Irlands, bestimmt der berühmteste in Cork, seit er die Queen an seinem Stand auf dem English Market begrüßen durfte. Das Foto von ihr und ihm und dem Fisch ging um die Welt. O'Connell wurde anschließend in den Buckingham Palace eingeladen, und jetzt ist er also eine Berühmtheit – aber immer noch Fischhändler. Und einer, der sich Sorgen macht. Dieses ewige Brexit-Hin-und-Her sei nicht gut für die Geschäftsplanung, meint er.

Der meiste Fisch, der in Cork Harbour umgeschlagen werde, stamme aus den Gewässern im St. George's Channel. „Das wird Probleme geben, wenn der Brexit kommt und mit ihm die Zölle. Die britischen Fanggründe sind dann keine EU-Gewässer mehr. Die Schiffe werden also ausweichen – und sich auf die Fanggründe rund um Irland konzentrieren." Nein, alles keine guten Aus-

An der Bucht schichtet der Wind den Schnee an den Rumpf der Trawler, die im Eis feststecken wie einst die „Erebus" und die „Terror" der Franklin-Expedition. Die meisten Fischer von St. Anthony haben ihre Boote den Winter über in der alten Eissporthalle verstaut. Aber ausbessern können sie dort nichts, weil sich die zugefrorenen Tore und Türen nicht öffnen lassen

sichten, und vom Klimawandel habe man dann noch überhaupt nicht gesprochen. „Alles, was sich auf und im Meer verändert, hat Auswirkungen auf Cork. Wir sind miteinander verwachsen."

In der Stadt selbst spürt man davon nicht viel. Wer verstehen möchte, wie wichtig Corks Lage an der Mündung des River Lee für Gegenwart und Zukunft der Stadt ist, fährt am besten hinaus an den Cork Harbour. Nach Ringaskiddy mit seinem großen Passagierterminal oder zu den Verladeanlagen in Tivoli. Oder, wenn man auch die Vergangenheit besichtigen möchte, nach Cobh. Eine Ära lang war der kleine Ort der letzte Stopp für alle, die zu ihrer Reise über den Atlantik aufbrachen; Generationen von Händlern und Handwerkern verdienten hier Vermögen mit der Proviantierung der großen Frachtsegler und Ausbesserungsarbeiten auf den letzten Drücker. Handelsleute und Kapitäne bauten sich schmucke Villen in den Hügeln hinter der Stadt. Cobh, das war ein Name, den man kannte in der Welt der Schifffahrt.

Bis heute wird man überall in den pittoresken Straßen daran erinnert. In den Pubs hängen Fotos von Dampfern und Trawlern, in den Schaufenstern stehen Schiffsmodelle und an der Uferpromenade der „Navigator", eine Brunnenskulptur, die ein fragiles kleines Papierschiff in den Händen hält und ein sorgenvolles Gesicht macht. Um diese Mimik nachvollziehen zu können, muss man bloß zwei Schiffsmeldungen mit der Ortsmarke Cobh im Gedächtnis parat haben. Am 7. Mai 1915 versenkte ein deutsches U-Boot vor der Stadt die „Lusitania" und schickte 1200 Menschen in den Tod. Und am 11. April 1912 war Cobh der letzte Hafen, den die „Titanic" vor ihrer Atlantikpassage anlief. Drei Tage später kollidierte sie in den eisigen Gewässern vor Neufundland mit einem Eisberg.

„Das hat dem Hafen alles nicht geschadet. Für den Hafen war immer nur wichtig, dass er rund ums Jahr in Betrieb sein konnte." Das kommt jetzt von Daniel Breen. Er ist Historiker und Corkonian und als Kurator des Cork Public Museum der richtige Mann,

Das Städtchen Cobh liegt vor den Toren Corks am Meer. Eine Ära lang war der kleine Ort der letzte Stopp für alle, die zu ihrer langen Reise über den Atlantik aufbrachen. Generationen von Händlern und Handwerkern verdienten hier Vermögen mit der Proviantierung der großen Frachtsegler und Ausbesserungsarbeiten auf den letzten Drücker

wenn man die Bedeutung von Klima für die Entwicklung einer Stadt erklärt haben möchte. Der intensive Handel bereits im Mittelalter, die vielfältigen Beziehungen zu den wichtigen Hafenstädten des Kontinents – all das, meint er, wäre ohne das milde Golfstromklima nicht möglich gewesen. „Man kann sich hier seit Jahrhunderten darauf verlassen, dass der Hafenbetrieb im Winter ganz normal weiterläuft. Wenn Sie ein Kaufmann oder Kapitän Mitte des 15. Jahrhunderts waren und kalkulieren mussten, ob Sie Ihre Ladung im Januar fristgerecht löschen konnten, dann war Cork eine sichere Bank."

Breen überlegt einen Moment. Und sagt dann, dass all das heute immer noch sehr wichtig sei. Auch die größten Arbeitgeber der Gegenwart haben sich – bis auf Apple mit seinem europäischen Hauptquartier – fast alle rund um den Hafen niedergelassen, um dessen über Jahrhunderte gewachsene Infrastruktur zu nutzen. Neben pharmazeutischen Global Players wie Pfizer, Novartis und Johnson & Johnson operieren über 100 andere Unternehmen von hier. Ferrero zum Beispiel produziert fast die Hälfte aller weltweit gelutschten Tic Tacs in Cork.

Kieran Hickey sitzt mittlerweile wieder an seinem Computer und hat eine Klimatabelle auf dem Schirm. Der Strich oben markiert die 25-Grad-Marke, der untere den Gefrierpunkt, und egal, welches Jahr sich Hickey vornimmt: Corks Temperaturkurve bewegt sich immer zwischen den beiden Linien. Nur in den vergangenen zehn Jahren gab es immer häufiger Ausreißer. Auch bei der Wassertemperatur. Möglicherweise, meint der Forscher, verändere sich der Golfstrom. „Könnte sein. Es gibt kleinere Anzeichen dafür." Und dann? Was würde dann passieren? Hickey weiß es nicht. „Als es so etwas das letzte Mal gab, in der Jüngeren Dryaszeit, ist die Temperatur in Irland auf minus fünf Grad gesunken." Man könne das dann wohl eine Eiszeit nennen, sagt er. Er sieht aus dem Fenster zum Rasen und den Studenten. Und schiebt nach einer Weile nach: „Der Gelbgefleckten Wegschnecke wäre es in Cork dann auf jeden Fall zu kalt." ➢

Es sind ausschließlich ältere Damen, die sich zum Bingo in der Feuerwache von St. Anthony eingefunden haben. Die Veranstaltung ist Teil des großen Winterfests im März. Außer Bingo stehen ein Beer-Drinking Contest, das Chiliessen des Skiclubs und ein Punschabend am Lagerfeuer auf dem Programm. Alle Termine beginnen um 17 Uhr. Zwei Stunden später sind alle wieder zu Hause

St. Anthony, Kanada

IN DER WOCHE ZUVOR WAR EIN EISBÄR ÜBER DIE FISHING Point Road gelaufen. Am hellichten Tag, falls man das überhaupt sagen kann in diesem Frühling, in dem das tief verschneite Land unter einem eisenhart zusammengepressten Wolkenhimmel hockt wie sonst im November. Vermutlich hatte das Tier auf einer jener Eisschollen gesessen, die Wind und Strömung die Küste hinunterschieben und in die kleinen Buchten hinein, und wahrscheinlich war der Bär dann irgendwo in der Nähe des Leuchtturms an Land gegangen.

In Neufundland gibt es keine Eisbären, normalerweise, aber in St. Anthony hat man Erfahrung mit denen, die im Frühjahr manchmal angetrieben werden. Die meisten trollen sich nach kurzer Zeit wieder und schwimmen durch den Sankt-Lorenz-Golf zurück nach Labrador. Der Eisbär jedenfalls lief die Straße entlang, jemand postete ein Foto auf Facebook, die Aufregung war groß, Kinder wurden in die Häuser gerufen, Türen verschlossen. Dann war er verschwunden. Wahrscheinlich über Great Brehat nach Norden gelaufen, glauben sie in St. Anthony, oder Richtung Raleigh. Aber groß sei er gewesen, o ja, beinahe so groß wie der in der Verwaltung. Das ausgestopfte Exemplar in der Glasvitrine ist die beliebteste Touristenattraktion im Ort. Wenn kein lebender Eisbär zu sehen ist, wird Besuchern der tote empfohlen.

St. Anthony liegt am östlichen Ende von Neufundlands Great Northern Peninsula, und wahrscheinlich wäre hier niemand beleidigt, wenn man den Ort „One-Street Town" nennen würde. Alles, was irgendwie wichtig ist in und für die Siedlung und ihre 2200 Einwohner, reiht sich entlang der Fishing Point Road mit viel Luft dazwischen: die Tankstelle, der Baumarkt, die beiden Hotels, der Autohändler, die kleine Mall, die Kirchen und die Ortsverwaltung mit dem ausgestopften Eisbären natürlich auch.

Die Fishing Point Road ist eine Sackgasse; sie endet an dem Angelplatz, den sie im Namen trägt. In die andere Richtung wird sie außerhalb des Ortes zur Route 430, und die führt hinüber an

Das Leben in Cork nimmt abends noch einmal richtig Fahrt auf. Im Club „Voodoo Rooms" im Zentrum der Stadt wird getrunken, getanzt und geknutscht. In Cork leben viele junge Menschen, nicht nur Einheimische, sondern Studenten aus allen möglichen Ländern. Auf den Straßen hört man immer wieder Spanisch, Französisch oder Russisch

die Westküste und an der entlang südwärts nach – nun ja, hinein nach Neufundland und irgendwie dann auch ins restliche Kanada, aber das spielt in St. Anthony keine Rolle. Hier ist die Fishing Point Road die Hauptstraße. Beziehungsweise „The Road". Hier und da zweigt eine Nebenstraße von ihr ab. Die entweder eine Sackgasse ist. Oder in einem Bogen zurück zur Fishing Point Road führt. Weg vom Eis. Und raus aus dem Schnee.

The Road" nämlich wird geräumt. Immer. Nach jedem Schnee, so schnell wie möglich. Manchmal schon Ende September, und wenn es sein muss, auch noch Ende Mai. St. Anthony liegt auf 51° 22' 13.498" N, 55° 35' 45.114" W und damit beinahe auf demselben Breitengrad wie Cork, Irland. Statt vom warmen Golfstrom wird das Wetter hier vom kalten Labradorstrom bestimmt. Die Sommer sind so kurz wie die Winter endlos. Und es fällt reichlich Niederschlag. So viel, dass man selbst jetzt, Ende März, kaum etwas von St. Anthony sieht.

Schnee, Schnee, überall Schnee. Rechts und links der Straße liegt er so hoch, dass man an manchen Stellen nicht über ihn hinwegschauen kann, und selbst dort, wo man das schafft, sieht man nicht viel mehr als Weiß. Der Schnee hat Garagen und Autos unter sich begraben, er versteckt Vorgärten und Verkehrsschilder und die Gräber auf dem Friedhof. Der Wind jagt ihn in Wirbeln über die zugefrorene Bucht und schichtet ihn gegen den Rumpf der Trawler, die im Eis feststecken wie einst die „Erebus" und die „Terror". Manchmal, wenn die Sonne scheint, beginnt der Schnee zu schmelzen, aber das macht die Sache nicht besser. In der Nacht fällt das Thermometer auch Ende März zurück auf minus 20 Grad. Am nächsten Morgen sieht St. Anthony dann aus, als kauere es unter einem Panzer aus Eis und warte auf den Frühling.

„Frühling? Gibt es bei uns nicht." Die Bedienung zuckt mit den Schultern. Was anderswo Frühling heiße, sei bei ihnen nur wochenlanger Matsch, und dann sei kurz Sommer und ganz schnell wieder Winter, und ob sie vielleicht noch ein Bier bringen

Schulbusse warten in St. Anthony auf ihren nächsten Einsatz. Niemand würde hier auf die Idee kommen, sein Kind zu Fuß in die Schule zu schicken, zumindest nicht in den Wintermonaten. Es ist eiskalt, die Straßen sind rutschig, und ab und an verirren sich Eisbären in den Ort

solle. Das „Jungle Jim's" ist eines von vier Restaurants im Ort, weil aber die anderen im Winter überhaupt nicht oder nur zu erratischen Zeiten geöffnet haben, ist es eigentlich das einzige. Trotzdem ist nie viel los. Drei, vier Tische an der Bar sind besetzt, im großen Raum ist noch nicht einmal das Licht angeschaltet.

Wo die Leute denn seien? Die Bedienung schaut, als habe man eine merkwürdige Frage gestellt. Zu Hause, sagt sie, die Leute seien alle zu Hause. Bei ihren Familien. Vor dem Fernseher. Sie ist noch keine 20. Und? Was macht man denn in ihrem Alter an den Wochenenden? Gibt's einen Treff für junge Leute? Sie schüttelt den Kopf. „Aber ich muss ja sowieso arbeiten." Draußen treibt der Wind große Flocken gegen die Fenster. Die vorbeifahrenden Trucks lassen die Scheiben vibrieren.

Man hat sich an den Winter gewöhnt in St. Anthony, das alles geht ja schon länger so. Bereits im frühen 16. Jahrhundert nutzten baskische Fischer die geschützte Marguerite Bay als Hafen. Als der bretonische Entdecker Jacques Cartier 1534 vorbeischaute, nannte sich die kleine Siedlung bereits St. Anthony Haven. Ende des 19. Jahrhunderts hatte der Ort 140 Bewohner, und als in den 1930er-Jahren die industrielle Fischverarbeitung aufkam, nahm St. Anthony irgendwann die Tausendermarke. Heute leben 2200 Menschen hier – aber bloß noch wenige vom Fischfang. Längst ist das Krankenhaus der größte Wirtschaftsfaktor der Region, über 300 Arbeitsplätze plus Jobs für Handwerksunternehmen, Zulieferer und den einzigen Taxifahrer von St. Anthony. Die Patienten kommen aus einem Umkreis von mehreren hundert Kilometern.

Alton Pilgrim war im Curtis Memorial Hospital angestellt, jetzt ist er im Ruhestand und macht, was pensionierte Kanadier so machen: arbeiten. Ein, zwei Tage die Woche im kleinen Museum für Lokalgeschichte, außerdem Gelegenheitsjobs hier und da, es soll ja nicht langweilig werden, und das Geld kann er, weiß Gott, auch gebrauchen. Pilgrim ist hier geboren und nie wirklich fort gewesen, er hat gute Zeiten gesehen und weniger

Hinter den Häuserfassaden erhebt sich das Elizabeth Fort. Es wurde 1649 als Verteidigungsanlage auf einer Anhöhe außerhalb der Stadtmauer Corks errichtet. Doch mit der Zeit wuchs die Stadt um sie herum, und die Festung übernahm andere Aufgaben: Sie war Militärkaserne, Gefängnis und Polizeistation. Heute ist sie eine beliebte Touristenattraktion

gute, und jetzt, wo er ein bisschen Muße hat, macht er sich Gedanken über die Zukunft von St. Anthony.

Eigentlich habe der Ort doch alles, was die Menschen heutzutage suchten, meint er. Weite und Stille, den Wald, das Meer. Die Zukunft liege im Tourismus, so viel sei klar, das würden die meisten im Ort so sehen. Im Sommer zögen die Wale an der Küste vorbei und die Eisberge aus Grönland, aber damit könnten natürlich auch andere Orte punkten, und die seien ausnahmslos leichter zu erreichen als das winzige St. Anthony. „Aber wir haben die Wikinger. Die gibt es nur bei uns."

Von denen reden sie hier alle. Die Nordmänner kommen in Unterhaltungen mit Menschen aus St. Anthony gleich nach dem ausgestopften Eisbär. 40 Kilometer entfernt liegt L'Anse aux Meadows, die einzige belegte Wikingersiedlung auf dem nordamerikanischen Kontinent. L'Anse, wie die Leute hier sagen, ist die größte Touristenattraktion in diesem Teil Neufundlands mit mittlerweile 37 000 Besuchern jährlich, „and more to come", prophezeit Alton Pilgrim, schließlich erlebten die Wikinger durch Streamingdienste und Serien wie „Vikings" gerade einen Hype.

Bislang allerdings profitiert St. Anthony so gut wie überhaupt nicht vom sommerlichen Trubel in L'Anse. Selbst dann nicht, wenn ein Kreuzfahrtschiff vor Anker liegt. „Die fahren ihre Leute in Bussen zum Besucherzentrum, und drei Stunden später sind alle wieder zurück an Bord, weil es dann ja Abendessen gibt." Nein, bei den Kreuzfahrtpassagieren sei nicht viel zu holen, meint Pilgrim. Aber bei den anderen ja vielleicht. Bei denen, die 500 Kilometer mit dem Mietwagen aus Red Deer kommen und nach zwei Stunden in L'Anse wieder zurückfahren. „Das ist unsere Klientel. Die müssen wir gewinnen."

Und womit? Vielleicht ja mit einem Weltbestseller. Glaubt Danny Keats. Der ist Fahrer. „Danny's Airbus Shuttle", Flughafenzubringer, Krankentransporte, Taxitouren. Jeder hier kennt Danny, und Danny kennt jeden hier. Auch die Schriftstellerin. Annie Proulx hat einige Sommer in St. Anthony verbracht, an der French

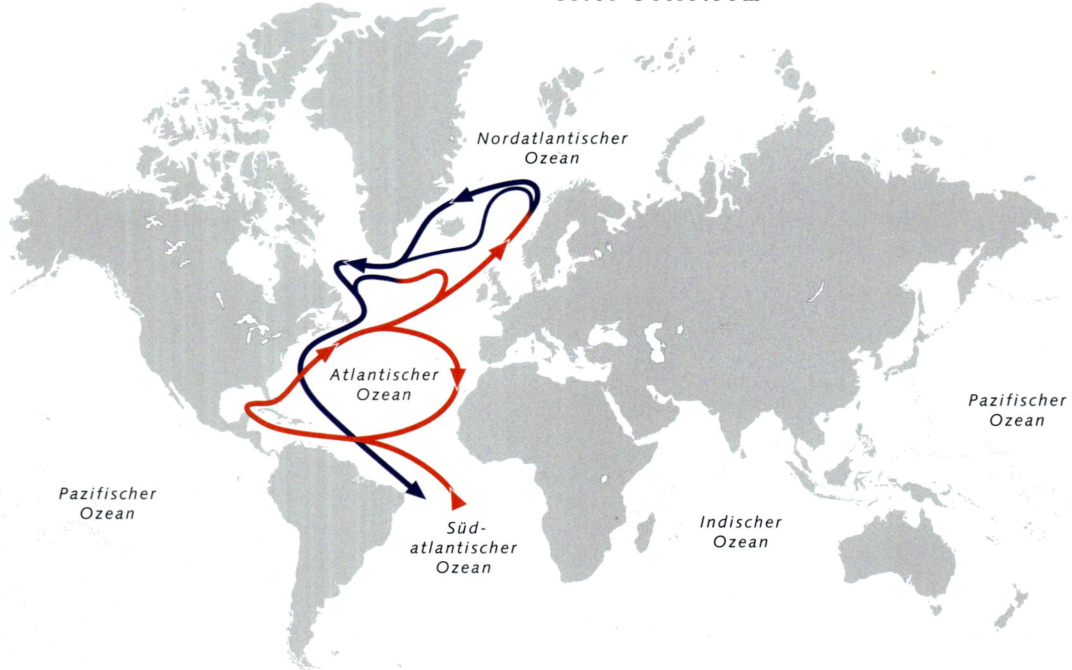

Klimamaschine „thermohaline Zirkulation": Der Golfstrom (rot) transportiert warmes Wasser an der Meeresoberfläche vom Südatlantik über die Karibik zum östlichen Nordatlantischen Ozean, wo er Nordatlantikstrom heißt und seine Wärme abgibt. In der Norwegischen See sinkt das nun kalte und daher salzigere Wasser (blau) in die Tiefe des Meeres und strömt zurück nach Süden

Bay, 15 Minuten außerhalb des Ortes. Sie ließ sich damals von Schiffsmeldungen in der Lokalzeitung zu dem Roman „The Shipping News" inspirieren, das Buch wurde verfilmt und ein Riesenerfolg, aber das ist eine Ewigkeit her. In den Neunzigern war das.

Proulx lebt längst in Seattle, aber Danny ist davon überzeugt, dass sich aus der Geschichte noch etwas herausholen lässt. So etwas wie „Auf den Spuren von ..." zum Beispiel, eine Rundfahrt mit Stopps an den Schauplätzen. „Da ist Potenzial drin, ganz bestimmt." Vielleicht mache er die selbst, meint er, solche Touren. Zuerst müsse er allerdings aus dem Mietvertrag für das kleine Café draußen am Airport raus. „Lohnt sich nicht. Es kommen einfach zu wenig Leute."

Schiffsmeldungen gibt es keine mehr, aber die Lokalzeitung existiert noch, „The Northern Pen", zwölf Seiten jede Woche oder auch mal 16. Statt der Shipping News werden Artikel über neue Instrumente für die Schule gedruckt. Und über Jugendliche, die ohne Führerschein unterwegs waren. Und natürlich gibt es alles zum großen Winterfest, das St. Anthony Ende März feiert: Beer-Drinking Contest (Freitag), Bingoabend im Feuerwehrhaus (Dienstag), Chiliessen des Skiclubs (Mittwoch), Punsch am Lagerfeuer (Donnerstag, wird wegen Schneesturms ausfallen). Sämtliche Veranstaltungen beginnen um 17 Uhr, zu allen kommen die gleichen Leute. Das Durchschnittsalter liegt deutlich über 50. Zwei Stunden später sind sie alle zu Hause.

Es sei so gut wie unmöglich, die jungen Leute im Ort zu halten, sagt Desmond McDonald. Die Einwohnerzahl sinke seit Jahren. Mal seien es zweieinhalb Prozent, mal fast zehn, auf jeden Fall würden es immer weniger, und irgendwann ... Der ehemalige Bürgermeister von St. Anthony unterbricht sich selbst und sieht dabei aus wie jemand, der darauf hofft, dass ihm genau jetzt, in der Lücke dieses Satzes, eine Lösung einfällt, die alles verändert. „Ich kann es ihnen nicht verdenken. Sie gehen aufs College nach St. John's und entdecken plötzlich, wie groß die Welt ist."

McDonald ist 37. Aus seinem Abschlussjahrgang seien nur zwei in St. Anthony geblieben, sagt er. „Uns fehlt bald eine komplette Generation. Und eine Tradition." Die Fischer hätten ihren Kindern geraten, einen anderen Beruf zu erlernen, und jetzt seien sie alt, und es gebe niemanden mehr, der wisse, wo da draußen die besten Kabeljaugründe seien. „Da stirbt ein *way of life*", sagt der Exbürgermeister. „Das bekommen wir nie wieder zurück."

Orte wie St. Anthony kämpfen überall auf der Welt um ihr Überleben. Zu klein, um erfolgreich zu sein, und zu groß, um einfach so von der Landkarte zu verschwinden. Abgehängt von Globalisierung und den Zeitläuften. Opfer veränderter Verhältnisse und verschwundener Industrien. Und gebeutelt vom Klima. Mehr als die Hälfte eines jeden Jahres bestimmen Eis und Schnee den Alltag in St. Anthony.

Am Ende aller Straßen, draußen am Fishing Point, liegt das eigentliche Zentrum des Ortes. Den ganzen Tag über und bis spät in den Abend hinein bewegt sich ein Strom an Trucks und Pick-ups hinaus zum Atlantik und wieder zurück in den Ort. Einmal am Tag fahren die meisten kurz hinaus. Parken neben den anderen, stellen den Motor aus und schauen nach, ob das Meer noch da ist. Und ob der Frühling vielleicht schon zu sehen ist, weit hinten am perlmuttfarbenen Horizont.

Vielleicht streunt ja auch irgendwo ein Eisbär zwischen den Felsen herum. Wenn nicht, haben sie immer noch ihr ausgestopftes Exemplar im Foyer der Ortsverwaltung.

Nachdem er vom Eisbären in St. Anthony erfahren hatte, bewegte sich Stefan Nink, Jahrgang 1965, Autor in Mainz, bei seiner Recherche sehr, sehr vorsichtig. Was allerdings nicht verhinderte, dass er auf den zugefrorenen Straßen mehrmals hinfiel. Glücklicherweise ließ sich aber auch in diesen Momenten kein Bär blicken. Nick Hannes, geboren 1974, belgischer Fotograf, war, abgesehen von Autor Nink, der einzige Spaziergänger in St. Anthony. Niemand geht hier im Winter freiwillig zu Fuß. Nicht unbedingt wegen der Kälte. Sondern wegen des braunen Schneematschs, der einem jedes Mal ins Gesicht fliegt, wenn ein Pick-up vorbeifährt.

boot
Düsseldorf
18.-26.1.2020
boot.de
Hier beginnt
unser Abenteuer.
FOLLOW THE CALL.
Jetzt buchen!
Traumurlaub für
die ganze Familie
Halle 13
Messe
Düsseldorf

MITTENDRIN

Sie wollten wissen, wie es ist, inmitten des Golfstroms zu sein: Vor 50 Jahren bestiegen Forscher ein winziges U-Boot, um sich von der mächtigen Meeresströmung treiben zu lassen. Ein einzigartiges Experiment

VON KATRIN BLAWAT

Das eigens für die Golfstrommission gebaute U-Boot „Ben Franklin“ bot 46 Quadratmeter Platz, den sich sechs Personen teilen mussten

ALS DIE MENSCHHEIT ZUM Sprung ansetzte, zielte sie nach oben wie nach unten. Zwei Tage bevor „Apollo 11“ im Juli 1969 zum Mond abhob, brachen sechs Männer zu einer anderen, weniger bekannten Pioniermission auf. In beiden Fällen galt es, vom Erdboden aus in neue Welten vorzudringen: einerseits hoch hinauf auf den Mond – andererseits hinab ins Meer, mitten hinein in den Golfstrom.

Diese Meeresströmung, die sich entlang der US-Ostküste in Richtung Europa zieht, prägt das Leben in weiten Teilen der Erde. Sie beeinflusst das Klima in Europa, Hurrikane in den USA und den Monsun in Indien. Indirekt hängen von ihr vielerorts Wirtschaftskraft und Menschenleben ab.

Letzteres galt besonders für jene sechs Männer, die sich im Sommer vor 50 Jahren dem Golfstrom voll und ganz auslieferten. Einen ganzen Monat lang sollten sich die Teilnehmer der „Gulf Stream Drift Mission“ in der mächtigen Meeresströmung treiben lassen, eingeschlossen in einem engen U-Boot, das alle Launen des Ozeans nahezu ungepuffert an die Crew weitergab. Von innen heraus wollten die Aquanauten dem Golfstrom den Puls und – im wörtlichen Sinn – die Temperatur fühlen, seine Eigenarten und seine Tierwelt erkunden. Nie zuvor hatte es eine derartige Aktion gegeben.

Es war also genau das Richtige für Jacques Piccard. Der Schweizer Meereskundler liebte Abenteuer und Pioniertaten. 1960 waren er und ein Kollege in einem selbst gebauten U-Boot zum Marianengraben hinabgetaucht, einer der tiefsten Stellen der Weltmeere. Nun wollte Piccard den Golfstrom von innen heraus erkunden, ein Teil von ihm werden.

Schnell stand fest, wer ihm dabei als Pilot und Cheftechniker zur Seite stehen sollte: sein Freund und Kollege Erwin Aebersold. Vier Jahre vor Beginn der Expedition begannen die beiden Schweizer mit der Konstruktion jenes U-Boots, das zunächst mit „PX-15“ bezeichnet und später auf den Namen „Ben Franklin“ getauft werden sollte. Den Namen verdankte das U-Boot dem amerikanischen Allroundtalent und einem der Gründungsväter der USA, Benjamin Franklin. Von ihm stammte 1786 die erste weit verbreitete Karte des Golfstroms (Seite 81). ➢

Links Die sechs Forscher an Deck der „Ben Franklin" kurz vor Beginn der Mission

Rechte Seite oben Ozeanograf Frank Busby friert im U-Boot bei 15 Grad Innentemperatur

Rechte Seite Mitte Begegnung mit einem Thunfischschwarm in 210 Meter Tiefe

Rechte Seite unten Jacques Piccard und Chet May vertreiben sich die Zeit beim Schachspiel

Das Boot sollte ein sogenannter Mesoskaph werden, einsatzbereit also für höchstens mittlere Tiefen. So hatte es Piccard mit Grumman Aerospace abgemacht, der amerikanischen Firma, die das U-Boot bezahlte und letztlich der Auftraggeber war. Für Piccard und sein Konstruktionsteam galt es zunächst, die passenden Lieferanten für die einzelnen Bauteile zu finden. Den Stahl für den Rumpf orderten sie bei einer österreichischen Firma; für die Elektrik wurde AEG verpflichtet, und die Motoren sollten von dem Hamburger Unternehmen Pleuger kommen.

Anfangs pendelten die Ingenieure noch zwischen Lausanne, wo sich Piccards Versuchswerkstatt befand, und Monthey im Kanton Wallis. Dort war der Familienbetrieb Giovanola ansässig, der das U-Boot bauen sollte. Bald aber verbrachten Piccard und seine Leute ihre gesamte Zeit in Monthey. Auch zwei amerikanische Mitarbeiter von Grumman fanden sich dort ein. Zunächst ruckelte es etwas in der transatlantischen Zusammenarbeit, doch bald gewöhnten sich die Amerikaner an das metrische Maßsystem und die kurvenreichen Schweizer Straßen. Einer der Amerikaner „war ganz überrascht, als er entdeckte, dass die Schweiz auch andere Dinge hervorbringt als Käse und Uhren", schrieb Piccard 1971 in seinem Buch „Tauchfahrt im Golfstrom".

Obwohl es in Monthey gut voranging, wurden die Auftraggeber bei Grumman in Florida ungeduldig. Ein U-Boot mitten in den fernen Schweizer Bergen, das kam ihnen allmählich suspekt vor. Umso erleichterter waren alle Beteiligten, als der Mesoskaph wie geplant am 1. März 1968 fertig wurde. Gut einen Monat später verließ er die Montagehalle in Monthey, um – nun wieder teilweise auseinandergebaut – per Schiff nach Florida gebracht zu werden. 13 Männer des Konstruktionsteams reisten ebenfalls in die USA. Später erinnerte Piccard sich an den freundlichen Empfang – und daran, dass er manchen Amerikaner korrigieren musste, der die Schweiz mit Schweden verwechselte.

Während die „Ben Franklin" in Florida zahlreiche Probetauchfahrten absolvierte, wuchs die Crew um vier weitere Mitglieder. Obgleich mit 35 Jahren der Jüngste der Gruppe, wurde der Amerikaner Don Kazimir als Kapitän verpflichtet. Als ehemaliger Navy-Soldat kannte sich Kazimir bestens aus mit U-Booten. In den 1960er-Jahren aber hatte Kazimir seine militärische gegen eine zivile Karriere eingetauscht und arbeitete für den US-Flugzeughersteller Grumman Aerospace Corporation. Der Bau des Mesoskaphen stellte für die Firma nur ein Nebenprojekt dar. Eigentlich dienten ihre Konstruktionen der Luftfahrt, und auch die Mondlandefähre der „Apollo 11"-Mission stammte von Grumman.

An Bord der „Ben Franklin" sollten sich außerdem zwei Ozeanografen um die Details des Golfstroms kümmern: der Amerikaner Frank Busby – „jung, sportlich, energisch", wie Piccard in seinem Buch schreibt – und der Brite Ken Haigh, dem Piccard allerlei „britische Eigenschaften" attestierte wie Ruhe, Humor, Zurückhaltung und Verschwiegenheit.

Den sechsten Mann an Bord hatte die Nasa geschickt. Sie interessierte sich nicht für das Wasser rund um das U-Boot, sondern für das Leben in dessen Inneren. Wie würde die Crew miteinander auskommen? Wie reagieren, reden, essen, schlafen Menschen, wenn sie wochenlang in einer Kapsel eingesperrt sind und sich rund um die Uhr um ihr Überleben kümmern müssen? Erkenntnisse darüber wollte die Nasa für künftige Raumflüge nutzen.

Die „Ben Franklin" war ein perfekter Studienort. Überall im U-Boot waren Sensoren eingebaut, die kaum eine Regung der Crew unentdeckt ließen. Drei Kameras machten alle zwei Minuten ein Bild, fast 65 000 waren es am Ende. Fühler unter den Pritschen ermittelten, wie lange sich jedes Crewmitglied hinlegte; Sensoren im Boden maßen die Anzahl der Schritte. Und Chet May beobachtete alles Lebendige an Bord: die Launen jedes Einzelnen ebenso wie die Bakterien auf der Tischplatte.

Am Montag, dem 14. Juli 1969, kletterte zum ersten Mal die gesamte Crew durch die Luken ins Innere der „Ben Franklin". Die Golfstrommission begann.

Niemand war glücklich über dieses Datum. Ursprünglich sollte die „Ben Franklin" schon Wochen vorher starten, doch technische Probleme brachten den Zeitplan durcheinander. Nun sorgten sich die Ozeankundler wegen der nahenden Hurrikansaison. Und die Marketingstrategen grübelten, wie sie die Tauchfahrt aus dem Schatten von „Apollo 11" befreien könnten, die nur zwei Tage später starten sollte. Wäre die „Ben Franklin" pünktlich ausgelaufen, hätte sich die Golfstrommission dagegen als erfolgreiche Vorreiterin der Mondlandung verkaufen lassen.

„Die Nacht war kurz; das Aufwachen schwierig; das Frühstück still. Es kündigt sich ein stickiger Tag an", notierte Pilot Erwin Aebersold am ersten Morgen an

AM MONTAG, DEM 14. JULI 1969, KLETTERTE ZUM ERSTEN MAL DIE GESAMTE SECHSKÖPFIGE CREW DURCH DIE LUKEN INS INNERE DER „BEN FRANKLIN". DIE GOLFSTROM-MISSION BEGANN

Bord in sein Logbuch. Um 10.45 Uhr verließ die „Ben Franklin" Palm Beach in Florida. Siebeneinhalb Stunden lang schleppte die „Privateer" – das Begleitboot, das in den kommenden 30 Tagen über die „Ben Franklin" wachen und in ständigem Kontakt mit deren Crew stehen würde – das U-Boot dem Golfstrom entgegen. Dann wurde das Schlepptau gelöst, und neun Minuten später „schlossen wir die Pforten unseres Gefängnisses", so Piccard in seinem Buch.

Für ein Unterwassergefängnis war die „Ben Franklin" recht luxuriös. Außen maß das gelb und weiß gestrichene U-Boot etwa 15 Meter in der Länge und drei Meter in der Breite. „Ich fand sie komfortabler als die Navy-U-Boote", sagt Don Kazimir, heute 85 Jahre alt. Ein 80 Zentimeter breiter Gang verlief längs durch die gut 46 Quadratmeter Innenfläche. Das Linoleum am Boden war ein Kompromiss, dem Piccard nur widerstrebend zugestimmt hatte. Ursprünglich hatte ihm ein „goldener Käfig" mit Tapeten und Mahagoniverkleidung vorgeschwebt, um den Aufenthalt angenehmer zu gestalten. Das aber verbot Grumman wegen der Brandgefahr.

Links und rechts des Gangs waren die Pritschen, Dusche und Toilette sowie die „Küche" angeordnet: ein Ausguss mit vier Warmwasserbehältern darüber. Am Bug befand sich der halbrunde Salon: Ess-, Arbeits-, Wohnzimmer in einem. 29 Bullaugen gaben den Blick frei auf das Meer. Stundenlang saßen die Männer vor den Fenstern und beobachteten Plankton, Fische und Seeigel im Scheinwerferlicht.

Die ersten 48 Stunden an Bord zehrten an den Männern. „In diesen ersten beiden Tagen war jeder ziemlich beschäftigt und

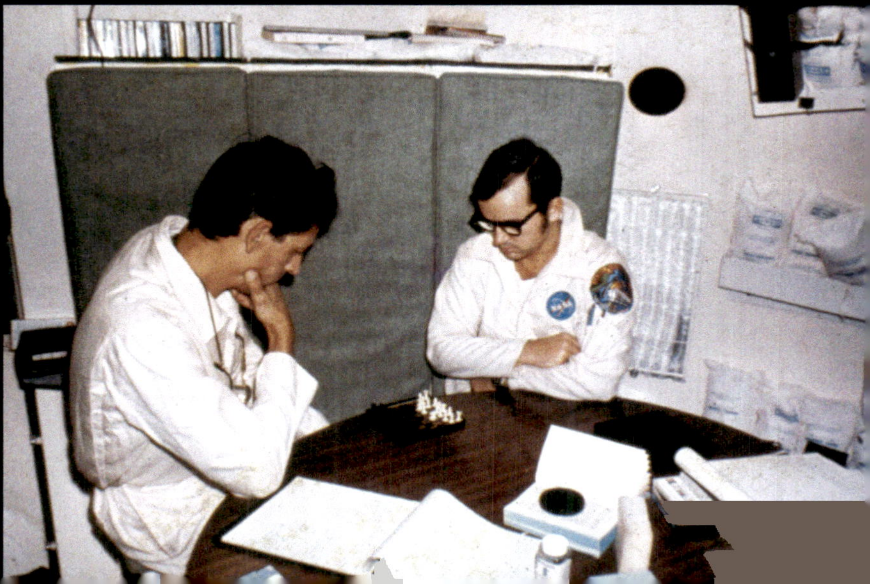

Die Route der „Ben Franklin" entlang des Golfstroms. Die Tauchfahrt dauerte 30 Tage

Nach der Rückkehr spricht Jacques Piccard vor der Presse am Pier 16 in New York

hat wenig geschlafen", schrieb Kazimir. Die Crew peilte eine durchschnittliche Tauchtiefe von 200 Metern an. Zwischendurch wollte sie sich auf 500 Meter Tiefe bis auf den Meeresgrund sinken lassen, um auch dort Daten über die Temperatur und die Tierwelt zu sammeln. Die 3,5 Zentimeter dicke Stahlhülle der „Ben Franklin" war dieser Tiefe gewachsen, doch je näher das U-Boot dem Grund kam, umso kälter wurde das Wasser – und damit auch das Innere des Boots: nur noch 13 Grad. Die Männer froren. Um sich aufzuwärmen, rannten sie auf der Stelle.

Ken Haigh führte die ersten von insgesamt 1100 akustischen Untersuchungen durch. Dazu ließ die Crew der „Privateer" an der Oberfläche spezielle Kapseln explodieren. Die Schallwellen dieser Detonationen wurden je nach Beschaffenheit des Grunds unterschiedlich reflektiert. Mithilfe eines Sonografen zeichnete Haigh diese Daten auf – seine Hauptbeschäftigung während der gesamten Tauchfahrt.

Piccard bewunderte derweil die Salpen, geisterhafte Meerestiere, die vor dem Fenster über seiner Pritsche tanzten. Fische dagegen sollten ihnen während der 30 Tage überraschend wenige begegnen – auch das zählt zu den wissenschaftlichen Erkenntnissen der Mission.

Kazimir bereitete die erste Mahlzeit zu. 3158 Kalorien waren je Mann und Tag vorgesehen, zusammengesetzt aus gefriergetrockneten Cornflakes, Milchpulver, Thunfischsalat oder Kartoffelsuppe, zubereitet mit lauwarmem Wasser.

Noch war das schlechte Essen Nebensache. Wie jeder andere auch fieberten die Aquanauten dem Start der „Apollo 11" am 16. Juli entgegen. Über Funk verfolgten sie den Countdown und schickten deren Besatzung einen Gruß: „Von der Crew der ‚Ben Franklin' an die Crew der ‚Apollo 11': Wir wünschen euch guten Wind und eine glatte See. Viel Glück."

Während die Menschheit auf dem Mond einen großen Schritt machte, wurde das Leben im U-Boot für die sechs Männer zur Routine. Selbst eine Erkältung, die alle bis auf Aebersold erwischte, verursachte keine größeren Probleme. Außer gegen Viren kämpfte die Crew nun auch gegen Langeweile an. Opern von Mozart, Rossini und Puccini klangen aus dem Kassettenrekorder, außerdem die Beatles. „Die Musik war wichtig für uns. Ich lauschte

Puccini, während ich das Leben im Meer betrachtete, ein wunderbares Unterwasserballett", erinnert sich Kazimir. Er liebte besonders „Madame Butterfly". Die Musik half gegen Stimmungsprobleme. „Wenn wir nahe dem Meeresgrund fuhren, war es kalt. Wir waren angespannt wegen möglicher Kollisionen mit Hindernissen. Dann spielten wir ‚On The Road Again' von Willie Nelson."

MUSIK HALF BEI SCHLECHTER STIMMUNG. SIE HÖRTEN OPERN VON MOZART ODER PUCCINI. UND BEATLES-SONGS

Gerade als die Tage einander zu ähneln begannen, kam der Angriff. Ein Schwertfisch, anderthalb Meter lang, stieß mit seinem Schwert gegen die Stahlhülle. Die Attacke dauerte nur eine Minute und gefährdete niemanden, doch sie schreckte die Männer auf.

Auch andere Überraschungen mussten sie nun meistern. In den Trinkwassertanks entdeckte Chet May die ersten Keime – ein Problem, das sich noch verschärfen sollte. Eines Morgens ließen gewaltige unterseeische Wogen das U-Boot innerhalb weniger Minuten um 40 Meter aufsteigen und gleich darauf wieder um 50 Meter sinken. Die Männer waren beunruhigt. Als selbst Musik nicht mehr ausreichte zur Entspannung, spendierte Kazimir kleine Portionen Whisky.

Die schlechteste Nachricht aber erreichte die Männer am Morgen des zwölften Tages. „Wir sind wahrscheinlich aus dem Golfstrom herausgeraten", meldete die „Privateer". 50 Kilometer zu weit nach Westen war die „Ben Franklin" vom Kurs abgekommen, fortgetrieben von einem der großen Wasserwirbel. Die vier Elektromotoren des U-Boots waren zu schwach, um es wieder in die Meeresströmung zu manövrieren. Daher sollte das Begleitschiff die „Ben Franklin" zurück zum Golfstrom schleppen. Das hieß: auftauchen, 18 Tage früher als geplant.

Um das Nasa-Experiment nicht zu gefährden, wonach die Männer 30 Tage lang von der Außenwelt abgeschnitten sein mussten, blieben die Luken geschlossen. Nicht einmal Briefe an ihre Familien durften die Männer hinausreichen. Die Crew empfand das als Schikane. 16 Stunden lang blieb das U-Boot an der Oberfläche. „Ich muss aber sagen, dass wir die Sonne nicht ohne gewisse Bitterkeit durch die Fenster glänzen sahen", so Piccard.

Aus wissenschaftlicher Sicht aber war die Episode bemerkenswert. Immerhin konnten die Männer die Existenz der unterseeischen Wirbel, sogenannter Eddies, eindrucksvoll bestätigen. So lautete dann auch eine der Lehren der Mission, dass der Golfstrom nicht aus einer einzigen Strömung besteht, sondern darüber hinaus seitliche Wirbel und Nebenarme besitzt.

Zur Halbzeit, nach 360 Stunden an Bord und 1000 zurückgelegten Kilometern, begann die härteste Phase der Expedition. Nicht aus ozeanografischer oder technischer Sicht. Was das betraf, waren alle zufrieden: Die Bordtechnik funktionierte, die „Ben Franklin" kam mit einer Durchschnittsgeschwindigkeit von vier Kilometern in der Stunde schneller voran als geplant, und die Crew hatte eine Unmenge Messdaten gesammelt über Wassertemperaturen, Lichtstärken und die Beschaffenheit des Meeresgrunds an verschiedenen Stellen des Stroms. Enttäuschend war höchstens, dass sie nicht auf den sogenannten Deep Scattering Layer gestoßen war, eine Zone in 300 bis 450 Meter Tiefe, in der sich eine enorme Anzahl Fische und große Mengen Plankton zu einer für Schallwellen nahezu undurchdringbaren Schicht ansammeln.

Doch dies war nicht der Grund dafür, dass ihre Laune sank. Die fehlende Privatsphäre störte sie zunehmend, immer häufiger aß nun jeder für sich. Piccard ärgerte sich über den Lärm seiner Kollegen, wenn er schlafen wollte. Zu guter Letzt litten drei von ihnen unter Ausschlag. „Wahrscheinlich, weil die Unterwäsche alle drei Tage gewechselt wurde (nicht häufig genug)", notierte Kazimir im Logbuch.

Ehe sie ihr Auftauchen vorbereiteten, musste die Crew noch einige Schwierigkeiten meistern. So erreichte die Kohlenmonoxidkonzentration bedenkliche Werte. „Die Crew wird unruhig", schrieb Kazimir am drittletzten Tag.

Die Aussicht, bald ihrem Gefängnis zu entkommen, versetzte die Männer in Melancholie ebenso wie in Euphorie. Überschattet wurde die Vorfreude allerdings von einem Streit mit den Kommandeuren an Land und auf der „Privateer". Eigentlich hätte die Crew schon abends die „Ben Franklin" verlassen können. Vor allem der Raucher Frank Busby fieberte dem entgegen. Aus Witterungsgründen – und weil es für die Presse günstiger erschien – sollten die Männer jedoch noch eine weitere Nacht im U-Boot verbringen.

Am 13. August um 8.09 Uhr, nach rund 2400 zurückgelegten Kilometern, war es dann so weit: Der Ausstieg stand offen. 500 Kilometer südlich vom kanadischen Halifax atmeten die Männer zum ersten Mal nach 30 Tagen und elf Stunden wieder frische Luft. „Um uns herum ist ein ganzes Geschwader", schrieb Piccard über den turbulenten Empfang.

Wenig Verständnis hatte der Expeditionsleiter für jene Kritiker, die sich sensationelle Entdeckungen von der Tauchfahrt erhofft hatten und die Mission daher als unerheblich abtaten. „Es gibt aber kaum noch sensationelle Entdeckungen im Meer zu machen", entgegnete Piccard. Er und seine Kollegen werteten die wochenlange Treibfahrt als Erfolg.

Nicht nur ließ die Nasa psychologische Erkenntnisse aus der Unterwasserexpedition in ihre Skylab-Missionen einfließen. Die Fahrt der „Ben Franklin" hatte außerdem geholfen, das Profil des Golfstroms zu verfeinern. Mehr als vier Millionen Messwerte hatte die Crew gesammelt. Damit revolutionierte sie zwar nicht das bisherige Wissen über den Golfstrom, doch erweiterte sie es um viele Details.

Seit 2002 steht die „Ben Franklin" im Maritime Museum im kanadischen Vancouver. Kapitän Don Kazimir hat sie dort besucht. Auch zu Hause in Florida lässt er die Erinnerungen immer wieder aufleben. „Ich höre die Musik von der Golfstromtreibfahrt und erinnere mich an den Spaß von damals", sagt er. Mit dem Schicksal, ewig im Schatten der „Apollo 11"-Mission zu stehen, hat er sich abgefunden. „Natürlich war es hart, mit den ersten Menschen auf dem Mond zu konkurrieren. Aber wir haben mehr Aufmerksamkeit bekommen, als die meisten Menschen denken."

Autorin Katrin Blawat, Jahrgang 1982, lebte eine Zeit lang in einem WG-Zimmer in München – rückblickend gesehen ein Palast, verglichen mit den noch viel beengteren Verhältnissen in der „Ben Franklin".

Stromzähler

Er war nicht nur einer der Gründerväter der USA. Benjamin Franklin gab um 1770 eine Karte heraus, in der erstmals der Golfstrom eingezeichnet war. Ihm gelang eine überraschend gute Darstellung

Von Katrin Blawat

ZWEI WOCHEN VERSPÄTUNG, das war nicht hinnehmbar. Wie konnte es sein, dass Postschiffe von England nach Nordamerika so viel länger brauchten als in entgegengesetzter Richtung? Der Mann, der dieser Frage 1769 nachgehen sollte, war der Amerikaner Benjamin Franklin, zu dieser Zeit als Generalpostmeister nach London entsandt.

Der damals 63-Jährige war ein Allroundtalent, das sich politischen und gesellschaftlichen Belangen ebenso widmete wie den Naturwissenschaften. Er trug zur Gründung der University of Pennsylvania bei, setzte sich für mehr Sicherheit durch Straßenbeleuchtung ein und erfand den Blitzableiter. Die amerikanische Unabhängigkeitserklärung wie auch die US-Verfassung tragen seine Handschrift.

Franklin, der nur zwei Jahre die Schule besuchte, hatte gelernt, sich selbst zu helfen – und die richtigen Leute zu fragen. Im Fall der rätselhaft langen Atlantiküberquerungen wandte er sich an seinen Cousin Timothy Folger, als der als Kapitän eines Handelsschiffs in London anlegte.

Tatsächlich wusste Folger eine Erklärung, die noch aus seiner Zeit als Walfänger stammte. Damals hatte er bemerkt, dass sich Meeressäuger bevorzugt an den Rändern einer Strömung aufhielten, die sich entlang der amerikanischen Ostküste Richtung Europa bewegte. Alle Walfänger wüssten um diesen Strom; oft habe er Kapitänen englischer Schiffe geraten, diesen zu umfahren. Doch von einem einfachen Walfänger wolle man keinen Rat annehmen, erzählte Folger seinem Cousin.

„Ich bemerkte dann, dass es bedauerlich sei, dass in den Karten diese Strömung nicht vermerkt ist, und bat ihn, sie zusammen mit mir aufzuzeichnen, was er bereitwillig tat“, schrieb Franklin später über dieses Gespräch.

Im Wesentlichen trafen die Angaben in dieser um 1770 gedruckten Karte des Golfstroms zu, auch wenn sie nicht perfekt war. Der Nullmeridian verlief durch Lizard Point an der Südwestspitze Englands anstatt durch Greenwich, doch lieferte die Karte mehr Informationen als je zuvor. Umso weniger konnte Franklin das nach wie vor geringe Interesse der englischen Kapitäne verstehen. Allerdings machten sich wenig später auch andere Gelehrte in England daran, den Golfstrom zu kartieren.

Für Franklin dagegen rückte das Thema zunächst in den Hintergrund – bis er 1775 die Heimreise nach Amerika antrat.

Benjamin Franklin (1706–1790)

Während der Atlantiküberquerung stellte Franklin bei Messungen fest, dass das Meer innerhalb des Golfstroms wärmer war als außerhalb. Drei Jahre später ließ Franklin, inzwischen Diplomat in Paris, eine zweite Fassung drucken. Sie glich der ersten Karte bis ins Detail. Allenfalls erschienen die Ränder des Stroms in der zweiten Karte etwas welliger.

Doch um sich weiter dem Golfstrom zu widmen, fehlte Franklin die Zeit: Er verhalf dem Vertrag von Paris zum Abschluss, der das Ende des Amerikanischen Unabhängigkeitskriegs bedeutete.

Erst als er 1785 erneut zurück nach Amerika segelte, fand er die Muße, sich über den Golfstrom Gedanken zu machen und die „Maritime Observations“ zu verfassen, einen ausführlichen Brief an einen Pariser Gelehrten über „allerlei Meeresthemen“. Darin zeichnete Franklin eine dritte, verbesserte Karte des Golfstroms. Sie enthielt detailliertere Angaben zu seiner Geschwindigkeit. Auch fiel der Golfstrom schmaler aus als auf den vorherigen Karten, was zumindest entlang der nordamerikanischen Küste dem heutigen Wissensstand näherkommt.

Allerdings hatten sich neue Fehler eingeschlichen. Die Bermudas lagen nun zu weit westlich. Weitere Änderungen betrafen dekorative Elemente. In der unteren rechten Ecke diskutiert Franklin mit dem Meergott Neptun. Oben links ist ein Schwarm Heringe auf seiner Migrationsroute zu sehen, was gelegentlich als weitere Darstellung einer atlantischen Strömung missverstanden wurde.

1786 wurde die dritte Karte gedruckt und stieß nun auf breites Interesse. Franklins Ruhm als Kartograf und Namensgeber des Golfstroms wuchs sprungartig. Nur selten war noch die Rede von seinem Cousin. „Die Karte ist überraschend gut dafür, dass man so wenig Daten hatte“, sagt Ozeanforscher Gerrit Lohmann vom Alfred-Wegener-Institut in Bremerhaven.

Franklin besaß alles, was ihm auch in der heutigen Wissenschaft geholfen hätte: Neugier, analytische Fähigkeiten – und nicht zuletzt die Fähigkeit, den eigenen Namen öffentlichkeitswirksam ins Spiel zu bringen.

Autorin Katrin Blawat, geboren 1982, lebt in München, weit weg vom Golfstrom. Dennoch profitiert sie von ihm – wenn sie in ihr geliebtes Island reist, wo es im Winter mitunter wärmer ist als in Bayern.

Die erste Golfstromkarte von Benjamin Franklin zeigt den Weg der Meeresströmung erstaunlich genau. Dennoch gibt es einige Fehler. So verläuft der Nullmeridian durch Lizard Point an der Südwestspitze Englands anstatt durch Greenwich. Um dem heutigen System zu entsprechen, müssten die Längengrade daher um 5,2 Grad korrigiert werden

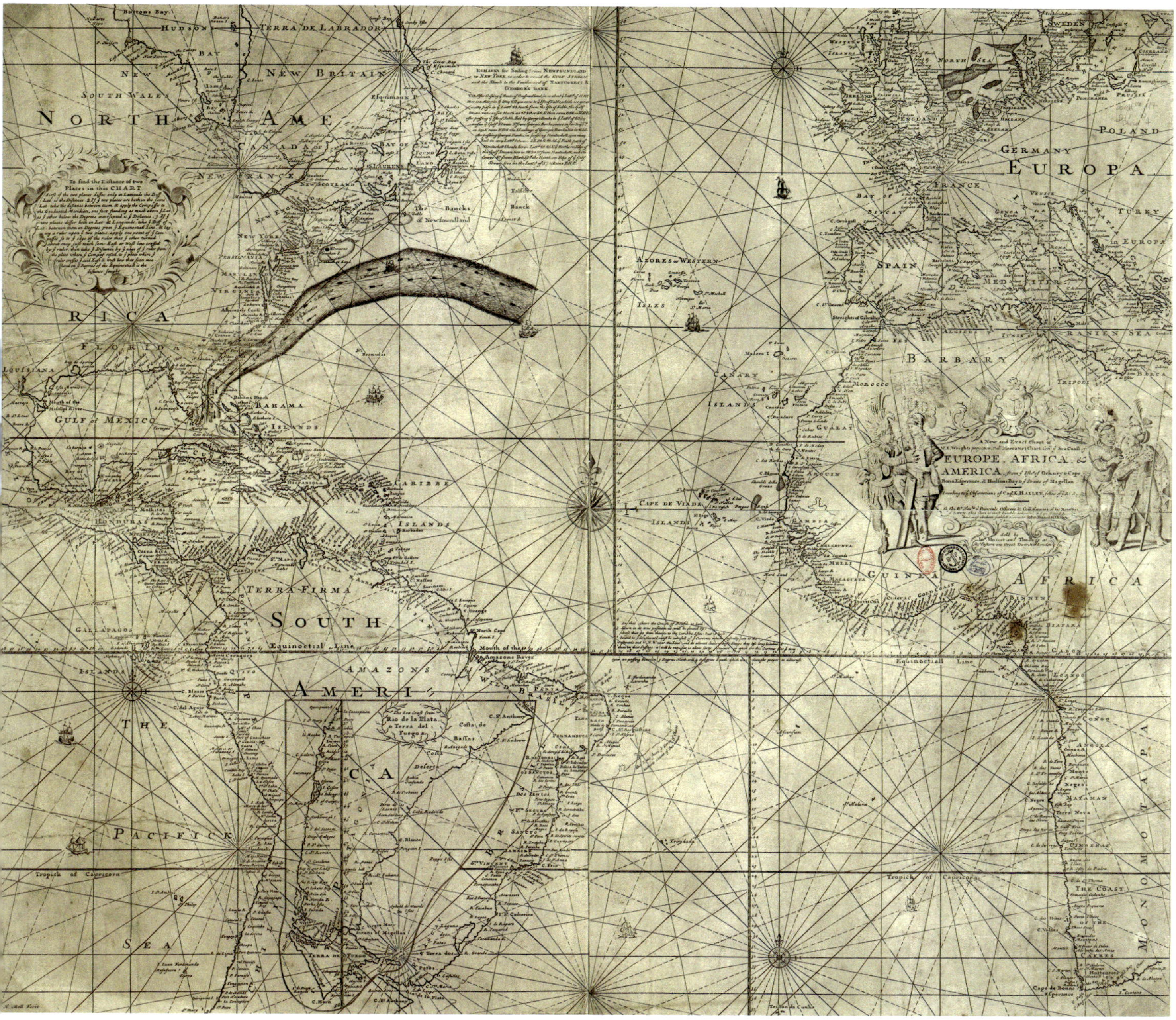

Heißkalte Berechnung

Das Golfstromsystem, unsere Fernwärmeheizung, schwächelt, wie von Klimamodellen vorhergesagt. Dennoch ist es in Europa wärmer geworden. Klimaforscher Stefan Rahmstorf erklärt, warum

Interview: Jan Keith

mare: *Es gibt eine Studie, die Sie gemeinsam mit Kollegen im vergangenen Jahr herausgebracht haben. Darin finden Sie Hinweise auf eine Abschwächung des Golfstroms. Heißt das, wir müssen uns in Europa bald warm anziehen?*
Rahmstorf: Nicht unbedingt. Datenauswertungen von britischen Kollegen zeigen: Wenn sich das Golfstromsystem abschwächt, gibt es in Europa sogar wärmere Sommer.

Das klingt paradox. Es heißt doch immer, der Golfstrom sei die Wärmepumpe Europas. Wenn sie ausfällt, müsste es doch bei uns empfindlich kalt werden.
Das Golfstromsystem funktioniert in der Tat wie eine Fernwärmeheizung. Warmes Oberflächenwasser strömt von der Karibik zu uns hin, kaltes strömt wieder davon. Dazwischen wird jede Menge Wärme an die Luft abgegeben.

Diese warme Luft weht dann zu uns nach Europa.
Ja. Wir leben in den mittleren Breiten in der Westwindzone, das heißt, unser Wetter kommt meistens vom Westen her und damit vom Atlantik. Da das Meerwasser durch das Golfstromsystem mehrere Grad wärmer ist als ohne, werden die Luftmassen entsprechend vorgewärmt, bevor sie dann bei uns in Europa ankommen. Dadurch ist das Klima in Nordeuropa deutlich milder als auf den gleichen Breitengraden an der amerikanischen Ostküste.

Man denkt sofort an die Palmen an den Stränden Cornwalls oder der Bretagne.
Richtig, das haben wir dem Golfstromsystem zu verdanken.

Sie benutzen den Begriff Golfstromsystem. Warum nicht einfach Golfstrom?
Ozeanografen verstehen unter dem Golfstrom den westlichen Randstrom des großen Subtropenwirbels im Nordatlantik. Solche westlichen Randströme gibt es in allen Ozeanbecken, angetrieben vom Wind. Die AMOC, die atlantische meridionale Umwälzbewegung, umgangssprachlich das „Golfstromsystem", dagegen ist eine Besonderheit des Nordatlantiks: eine große Umwälzzelle, in der das Oberflächenwasser von Südafrika durch die Karibik bis nach Norden strömt, dann in die Tiefe absinkt und zurückfließt.

Das, worüber wir heute sprechen, ist also das Golfstromsystem?
Ja.

Jetzt haben Sie eingangs gesagt, dass es mit der Abschwächung des Golfstromsystems heißer werde in Europa. Das müssen Sie uns erklären.
Das hat mit dem Jetstream zu tun, den Starkwindbändern im Bereich der oberen Troposphäre. Der Jetstream hat sich in den vergangenen Jahrzehnten im Sommer ebenfalls verlangsamt, ähnlich wie die Zirkulation im Ozean. Er ist welliger geworden und hat die Tendenz, um den Nordatlantik, wo eine Kälteblase entstanden ist, einen Bogen zu machen, und zwar südlich. So gelangt vermehrt Warmluft aus Nordafrika nach Europa. Das war der Fall im berühmten Jahrhundertsommer 2003 oder im Hitzesommer 2010, da gibt es eine klare Korrelation.

Was meinen Sie mit Kälteblase?
Wir haben die Meerestemperaturen im Nordatlantik der vergangenen rund 100 Jahre ausgewertet. Die Ergebnisse sind eindeutig: Der nördliche Nordatlantik hat sich abgekühlt.

Und aus dieser Tatsache lesen Sie ab, dass die Umwälzzirkulation an Kraft verliert?
Ganz genau. Vereinfacht gesagt, nehmen wir Folgendes an: Weil sich die Strömung abschwächt, transportiert sie weniger Wärme in den subpolaren Nordatlantik, und diese Region kühlt sich daraufhin ab. Die einzige Weltregion, wo es in den letzten 100 Jahren nicht wärmer geworden ist, sondern sogar kälter, ist tatsächlich der nördliche Atlantik. 2015 wurden dort sogar die niedrigsten Temperaturen seit Beginn der Aufzeichnungen gemessen. Und das, obwohl es im globalen Mittelwert das wärmste Jahr seit Beginn der Aufzeichnungen war.

Gibt es weitere Indizien für eine Abschwächung des Golfstromsystems?
Ja. Erstens misst das britisch-amerikanische Rapid-Projekt seit gut 15 Jahren die Stärke des Golfstromsystems auf 26,5 Grad Nord; fest im Atlantik verankerte Geräte liefern permanent Daten, die sehr gut mit unserer Rekonstruktion aus den Temperaturdaten übereinstimmen. Zweitens beobachten wir, parallel zur Kälteblase im Nordatlantik, eine weit überdurchschnittliche Erwärmung an der US-Ostküste, ab etwa nördlich von Cape Hatteras in North Carolina bis Neufundland. Dort hat sich der Golfstrom, damit meine ich den westlichen Randstrom, näher an die Küste verschoben.

Wie ist das zu erklären?
Das hat mit der Strömungsdynamik auf einer rotierenden Kugel zu tun. Der südwärts gerichtete Tiefenwasserstrom kreuzt den eigentlichen Golfstrom. Diese Wechselwirkung führt aus Gründen der Drehimpulserhaltung zur Verschiebung des Golfstroms. So sagen es Theorie und Klimamodelle vorher. Wenn sich die Golfstromzirkulation insgesamt abschwächt, dann rückt der Golfstrom näher an die Küste.

Ist diese Verschiebung also ein Alarmzeichen?
Auf jeden Fall. Außerdem gibt es inzwischen eine ganze Reihe von Studien anderer Forschergruppen, die aus Sedimentdaten die Golfstromzirkulation seit mehreren Jahrhunderten bis hin zu Jahrtausenden rekonstruieren. Diese Studien haben alle eine ungewöhnliche und bisher nie da gewesene Abschwächung im 20. Jahrhundert festgestellt.

Wie stark ist denn die Abschwächung? Gibt es da Zahlen?
Wir haben ausgerechnet, dass es insbesondere seit 1950 bergab geht. Seither hat sich das Golfstromsystem um rund 15 Prozent abgeschwächt.

15 Prozent – ist das viel oder wenig?
Ich würde sagen: Dafür, dass wir ja erst gut ein Grad globale Erwärmung hinter uns haben, ist das viel.

Sie sprechen von der globalen Erwärmung. Sie gilt als Hauptursache für die Abschwächung des Golfstromsystems. Wie ist da der physikalische Zusammenhang?
Die globale Erwärmung beeinflusst den Süßwassergehalt des Nordatlantiks, das ist der entscheidende Punkt. Durch die Erwärmung findet mehr Verdunstung in den Subtropen statt. Dadurch fällt in höheren Breiten mehr Regen. Dieser Regen fällt zum Teil direkt in den Nordatlantik, zum anderen Teil auf Landmassen, von wo Flüsse ihn ins Meer transportieren.

Mehr Regenwasser im Atlantik – was ist daran so schlimm?
Dass sich dadurch das Oberflächenwasser des nördlichen Atlantiks verdünnt. Es kann nicht mehr so leicht in die Tiefe absinken, wegen des geringeren Salzgehalts. Da das Absinken, die sogenannte Tiefenwasserbildung, die Umwälzbewegung antreibt, schwächt das die Strömung.

Durch die globale Erwärmung fließt zusätzlich Schmelzwasser von den Gletschern in den Atlantik. Noch mehr Süßwasser.
Ja. Bislang macht der Verlust des Kontinentaleises nur einen kleinen, aber rasch wachsenden Anteil aus. Wichtiger sind der vermehrte Niederschlag und auch der Schmelzwassereintrag vom schwindenden Meereis, die den Atlantik verdünnen und so das Golfstromsystem bremsen.

Das Golfstromsystem hat sich um 15 Prozent abgeschwächt

Was passiert, wenn das Golfstromsystem vollständig zum Erliegen kommt? Nach Ihrer These müsste uns dann ja eine Hitzewelle in Europa drohen.
Dieser Effekt, wonach mehr Warmluft aus Nordafrika zu uns strömt, gilt nur bis zu einem bestimmten Grad der Abschwächung. Wenn das Golfstromsystem vollständig abreißt, haben wir ein ganz anderes Szenario.

Welches denn?
Laut Modellrechnungen wird bei kompletter Abschaltung die schon vorhandene Kälteblase über dem Atlantik so groß, dass sie auch bis nach Europa hineinreicht. Und dann würde es eben – vor allem im Winter, wenn der Effekt am größten ist – in Skandinavien und in Schottland spürbar kälter werden.

Kann es tatsächlich passieren, dass das Golfstromsystem abbricht?
Das lässt sich schwer sagen. Es kommt darauf an, wie wir in Zukunft weiter Treibhausgase emittieren. Es gibt einen Kipppunkt, ab dem es kein Zurück gibt. Ob dieser Kipppunkt bei 30, 50 oder 70 Prozent Abschwächung überschritten wird, weiß niemand.

Wie sieht Ihre Prognose für die nächsten 50 bis 100 Jahre aus?
Wenn wir weiter Kohlendioxid emittieren wie bisher, wird die Strömung in den kommenden 50 bis 100 Jahren weiter an Kraft verlieren, das zeigen die Klimamodelle. Der Weltklimarat, IPCC, rechnet mit einer Abschwächung von bis zu 50 Prozent.

Was kann die Menschheit tun, um das Golfstromsystem zu retten?
Den Klimawandel stoppen, das Pariser Abkommen konsequent umsetzen. Wenn wir deutlich unter zwei Grad Erwärmung bleiben, dann ist das Risiko, dass das System den Kipppunkt überschreitet, sehr gering.

Und was kann der einzelne Bürger zur Rettung beitragen?
Drei Dinge. Erstens: wählen gehen. Zweitens: wählen gehen. Drittens: wählen gehen. Und dann kann man vielleicht noch überlegen, wie man den Kohlendioxidausstoß in seinem eigenen Haushalt reduziert. Das machen wir zu Hause auch. Wir haben kein Auto. Und fliegen auch so gut wie gar nicht in den Urlaub. Aber am Ende des Tages kann nur die Politik dieses Problem lösen.

Stefan Rahmstorf, geboren 1960, ist Professor am Potsdam-Institut für Klimafolgenforschung, wo er sich mit der globalen Erwärmung und deren Auswirkungen befasst. Er zählt zu den weltweit führenden Ozeanografen und Klimaforschern.

Der **mare**-Kalender

„Meeresblicke 2020"
Format: 82 mal 58 Zentimeter.
Im Abonnement zahlen
Sie für den Kalender nur
40 € statt 49 € im Einzelkauf.

Unser Bestseller

400 Seiten mit zahlreichen Abbildungen,
gebunden mit Schutzumschlag und Lesebändchen, 28 €.

Seestücke
144 Seiten, 20 €

Erzählung
160 Seiten, 20 €

Novelle
192 Seiten, 20 €

Klassiker im kleinen Format

Kleines Format in gewohnt schöner Ausstattung: In bedrucktes Leinen gebunden mit Lesebändchen und offenem Schuber, geben wir diesen Erzählungen und Seestücken der Weltliteratur ein angemessenes Kleid. 8,5 mal 15 Zentimeter.

Der Duft des Mittelmeeres

Eau du Levant ist unter www.mare.de
und www.eaudulevant.de erhältlich.
Dort finden Sie auch die Adressen
ausgewählter Verkaufsstellen und alles
Wissenswerte zum ersten mare-Duft.

Fatale Kettenreaktion

In den Polarregionen entscheidet sich die Zukunft der Erde. Der neue „World Ocean Review" erklärt, warum die Pole eine Schlüsselposition im Klimasystem unserer Erde einnehmen

Von Sina Löschke

Der Polartourismus ist ein boomendes Geschäft. Im kommenden Südsommer werden fast 78 000 Urlauber per Schiff die Antarktis besuchen, im Jahr zuvor waren es noch rund 55 500 Passagiere. Fahrten in die Arktis sind ebenso stark nachgefragt. Angesichts der dramatischen Klimaveränderungen auf der Erde setzt sich bei vielen Naturliebhabern nämlich die Erkenntnis durch, dass die Polarregionen mit jedem Tag ein großes Stück ihrer faszinierenden Eiswelten verlieren. Experten bezeichnen den Reisehype deshalb als „Tourismus der letzten Chance". Das mag auf den ersten Blick zynisch klingen, entspricht aber der bitteren Realität. Denn das Tempo, mit dem der Klimawandel inzwischen die Arktis und Teile der Antarktis verändert, sorgt nahezu wöchentlich für Schlagzeilen.

Alaska beispielsweise erlebte Anfang Juli 2019 eine Hitzewelle mit Sommertemperaturen von mehr als 30 Grad Celsius. Normal sind in der Region um die 18 Grad Celsius. Das Meer vor den Küsten Alaskas war zur selben Zeit bis zu vier Grad Celsius wärmer als üblich, und die Meereisdecke hatte sich rekordverdächtig weit in die zentrale Arktis zurückgezogen. Zur Hitze gesellte sich dann auch noch extreme Trockenheit, infolge derer Alaskas Taiga und Tundra Mitte Juli auf einer Gesamtfläche von mehr als 6000 Quadratkilometern brannten.

Solche Wetterextreme und ihre fatalen Folgen für Natur und Mensch gehören inzwischen zum Alltag in vielen Regionen der Arktis. Angetrieben durch die stetig steigende Treibhausgaskonzentration und komplexe Wechselwirkungen zwischen Atmosphäre, Land, Meer und schwindendem Eis, erwärmt sich das Nordpolargebiet doppelt so schnell wie die restliche Welt. Diese Entwicklung stellt nicht nur die Lebensbedingungen für die einheimischen Tiere, Pflanzen und Menschen auf den Kopf, sie setzt auch eine Klimaspirale in Gang, die weit über die Grenzen der Polarregionen hinaus wirkt. Dürren in Europa und steigende Pegel an den Küsten sind hier nur zwei Stichwörter von vielen.

Aufgrund dieser zunehmenden Bedeutung der Polarregionen für die Zukunft der Erde widmet sich die neu erschienene, sechste Ausgabe des „World Ocean Review" („WOR") ausführlich der Arktis und Antarktis. Als Kältepole nehmen beide Gebiete eine Schlüsselposition im Klimasystem der Erde ein. Im Winter stets von der Sonne abgewandt, kühlten sie in der Vergangenheit so stark aus, dass sich im Lauf der Zeit große Landeis- und Meereisflächen bildeten. Diese wiederum reflektieren bis heute bis zu 90 Prozent der einfallenden Sonnenstrahlung zurück ins All und bremsen so die Erderwärmung. Gleichzeitig treiben die Temperaturunterschiede zwischen den Tropen und den Polarregionen die weltumspannenden Wind- und Meeresströmungen an. Die im System Erde gespeicherte Wärme wird so gleichmäßig über den Globus verteilt.

Mittlerweile aber gibt es klare Anzeichen dafür, dass die Temperaturgegensätze im Zug der Erderwärmung abnehmen und die Winde und Meeresströmungen neue Pfade einschlagen – mit weitreichenden Konsequenzen für die Eismassen der Polarregionen. Welche physikalischen Prozesse dahinterstecken, welche Veränderungen beobachtet werden und was der Rückzug des Eises für das Klima der Erde und für die hochangepasste Tier- und Pflanzenwelt der Polarregionen bedeutet, erläutert der neue „WOR" ausführlich.

In den Fokus rücken dabei auch die Unterschiede zwischen beiden Gebieten. Während zum Beispiel das Nordpolargebiet als von Landmassen umgebener Ozean stets für Mensch und Tier zu Fuß erreichbar war, trennt auf der Südhalbkugel ein Ringozean den antarktischen Kontinent von der restlichen Welt. Diese geografische Isolation führte in der Vergangenheit nicht nur zu extremen Vereisungen und der Herausbildung endemischer Arten. Sie erklärt auch, warum der Mensch die Antarktis erst viel später entdeckte als die Arktis und die Großmächte vor 60 Jahren bereit waren, die politische Verantwortung für das Südpolargebiet zu teilen. Der Antarktisvertrag von 1959 gilt bis heute als eines der erfolgreichsten internationalen Friedensabkommen und beschränkt über Zusatzabkommen die heutige Nutzung der Antarktis auf Forschung, Fischfang und Tourismus.

In der Arktis dagegen wird das politische Geschehen durch die Anrainerstaaten diktiert, die den klimabedingten Veränderungen durchaus etwas Positives abgewinnen können. Mit dem Meereis schwindet eine natürliche Barriere, die arktische Rohstofflager und Fischgründe bislang vor dem Zugriff des Menschen schützte. Allein Russland will in den kommenden Jahren umgerechnet über 160 Milliarden US-Dollar investieren, um die wirtschaftliche Entwicklung seiner arktischen Territorien voranzutreiben und den Nördlichen Seeweg auszubauen. Finanzstarke Partnerländer wie China und Saudi-Arabien unterstützen diese Pläne.

Umwelt- und Klimaschützer schütteln angesichts dieses ökonomischen Kalküls nur den Kopf. Zum einen nehmen mit der menschlichen Aktivität in der Arktis die Beeinträchtigungen der polaren Umwelt enorm zu; zum anderen setzen Russland und andere Arktisanrainer in ihrer Wirtschaftsstrategie vor allem auf die Förderung fossiler Brennstoffe. Solange die internationale Staatengemeinschaft diesem Treiben keinen Einhalt gebietet, wird sich die Klimaspirale in den Polarregionen weiterdrehen, mit kaum absehbaren Folgen für die gesamte Welt.

Ein kostenloses Exemplar des „World Ocean Review 6" können Sie bestellen unter www.worldoceanreview.com.

Der Klimawandel mit steigenden Luft- und Wassertemperaturen zeigt in der Arktis und Antarktis dramatische Entwicklungen. Schon heute scheint es kaum mehr gerechtfertigt, vom „ewigen Eis“ in den Polargebieten zu sprechen. Die Folgen für den Rest der Welt sind kaum absehbar

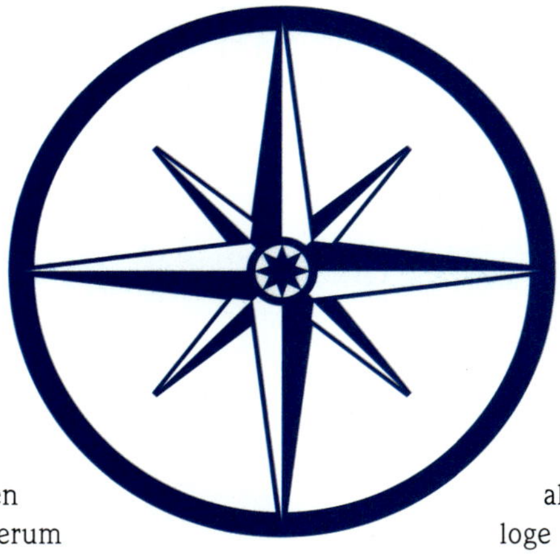

Université Paris-Sorbonne und Universität Greifswald

Garnelen mit starken Nerven

Im Atlantik gibt es hydrothermale Quellen, an denen bis zu 300 Grad heißes Wasser aus dem Meeresgrund schießt. Diese sogenannten Schwarzen Raucher sind reich an chemischen Substanzen wie Eisen, Methan oder Schwefel, die Bakterien als Nahrung dienen. Von den Bakterien wiederum ernähren sich andere Meerestiere wie etwa die Garnele *Rimicaris exoculata*. Das Problem für die Garnelen: Sie dürfen den Schwarzen Rauchern nicht zu nahe kommen, sonst würden sie gekocht. Wie aber schaffen es die Garnelen, dies zu vermeiden – bei absoluter Finsternis? Ein deutsch-französisches Biologenteam der Université Paris-Sorbonne und der Universität Greifswald glaubt, dass die Garnelen ein gutes Orientierungsvermögen haben. „Wir haben das Nervensystem der Garnelen genauer untersucht und festgestellt, dass der Teil ihres Gehirns, der mit dem Lernen und dem räumlichen Gedächtnis verknüpft ist, besonders groß ist“, sagt der Neurobiologe Steffen Harzsch, Professor am Zoologischen Institut und Museum der Universität Greifswald. Die französischen Kollegen hatten mithilfe kleiner Druckkammern lebende Exemplare aus 4000 Meter Tiefe an die Oberfläche geholt. Im nächsten Schritt untersuchten die deutschen Forscher mittels Röntgentomografie und Laserscanmikroskopie das Nervensystem der Tiere.

Geomar Helmholtz-Zentrum für Ozeanforschung, Kiel

Algen profitieren von Viren

Viren sind hauptsächlich als Erreger von Krankheiten bekannt. Laut einem internationalen Forscherteam können bestimmte Viren für andere Meeresorganismen aber auch von Nutzen sein. Als Beispiel nennen Experten des Geomar in Kiel, aus Japan und den USA die sogenannten Kragengeißeltierchen, eine Gruppe einzelliger Lebewesen. Die Forscher entdeckten in einer Kragengeißeltierchenart ein Virus, dessen Erbgut die Bauanleitung für das lichtempfindliche Protein Rhodopsin enthält, das auch im Auge des Menschen zu finden ist und durch Sonnenlicht aktiviert wird. Dies, so die Forscher, sei ein Hinweis darauf, dass die sonst räuberisch lebenden Kragengeißeltierchen auch Sonnenlicht als Energiequelle nutzen können, wenn sie mit dem Virus infiziert sind. Auch sei es denkbar, dass sich die Einzeller mithilfe der Rhodopsinmoleküle orientieren. Die Erkenntnis ist bemerkenswert, weil sie zeigt, dass Viren die Eigenschaften anderer Meeresorganismen und damit letztlich die Ökosysteme im Meer beeinflussen können. Offenbar haben Viren hier eine weitaus wichtigere Rolle als bisher angenommen.

Scripps Institution of Oceanography, San Diego, Kalifornien

Korallen als Selbstversorger

Korallen können nur existieren, weil sie eine Symbiose eingehen. In ihrem Gewebe leben sogenannte Zooxanthellen, Einzeller, die Fotosynthese betreiben. Sie versorgen die Korallen mit Nährstoffen, vor allem Aminosäuren. Jetzt hat der Meeresbiologe Michael Fox von der Scripps Institution of Oceanography festgestellt, dass sich manche Korallenarten gut selbst versorgen können. Korallen sind Nesseltiere, die mit Tentakeln kleine Planktonorganismen fangen. Fox konnte mithilfe chemischer Analysen erstmals genau ermitteln, wie sich der Speiseplan der Korallen zusammensetzt. Demnach stammen bei einigen Arten bis zu 41 Prozent der Aminosäuren aus Plankton, viel mehr als bislang vermutet. Die Ergebnisse sind wichtig, um abschätzen zu können, wie stark Korallen vom Klimawandel betroffen sein werden. Denn mit steigenden Wassertemperaturen stoßen Korallen ihre Zooxanthellen ab, bleichen aus und verhungern. Korallen, die ihre Nahrung zu einem großen Teil selbst fischen, dürften bessere Überlebenschancen haben.

Deutsche Sammlung von Mikroorganismen und Zellkulturen, Braunschweig, und Karlsruher Institut für Technologie

Gen schützt Bakterien vor Vergiftung

Forscher der Deutschen Sammlung von Mikroorganismen und Zellkulturen und des Karlsruher Instituts für Technologie haben durch Untersuchungen an der marinen Bakteriengruppe *Roseobacter* herausgefunden, dass manche Bakterien Gene besitzen, die sie weniger anfällig für giftiges Chrom machen. Die Toleranz gegenüber Chrom ist bei ihnen um das 20-Fache erhöht. Verblüffend ist, dass die Bakterien, die diese Erbinformation in sich tragen, aus ganz unterschiedlichen Meeresgebieten stammen. Anders als bei höheren Lebewesen sitzt das Erbgut bei Bakterien nicht im Zellkern verpackt, sondern im flüssigen Zellplasma, in Form von Ringen. Im Zellplasma liegen meist weitere kleine, ringförmige Erbgutabschnitte, die Plasmide. Bekanntlich können Bakterien einzelne Gene austauschen – Krankheitserreger erwerben so die gefürchteten Resistenzen. Die Forscher um den Evolutionsbiologen Jörn Petersen aber stellten fest, dass mehrere der untersuchten Bakterienarten ein hundertprozentig identisches Plasmid haben, eine Übereinstimmung, wie sie in der Natur bislang noch nicht beobachtet worden ist. „Es muss also kürzlich mehrere Austausche des kompletten Plasmids mitsamt der Chromresistenz gegeben haben“, sagt Petersen. Da die untersuchten Bakterien aus der Nordsee und dem Indischen Ozean stammen, stellt sich die Frage, wie sie das Plasmid austauschen konnten. Vermutlich, so Petersen, seien die Bakterien durch das Ballastwasser von Schiffen oder im Gefieder von Zugvögeln transportiert worden.

Zeichnung Stefan Marx

Der Vorverkauf läuft!

Um alles in der Welt – Lessingtage 2020
18. Januar bis 9. Februar
Internationale Gastspiele, Lesungen, Konzerte, Ausstellungen & mehr
thalia-theater.de / lessingtage

THALIA

Die Wachtmeisterin

Eine einzigartige Expedition des Alfred-Wegener-Instituts: An Bord der „Polarstern" lassen sich Forscher für ein Jahr in der Arktis einfrieren und treiben. In jeder mare-Ausgabe berichten sie exklusiv von ihren Erlebnissen. Heute schildert Sicherheitsingeneurin Bjela König die Tücken ihres arktischen Arbeitsalltags – und ihr Glück, dabei sein zu können

Text: Bjela König Foto: Esther Horvath

Gestern habe ich mit Schrecken festgestellt, dass die Hälfte meiner Zeit an Bord der „Polarstern" vorbei ist. Gefühlt sind wir gerade erst in Tromsø losgefahren, und es ist noch so viel zu tun. Der Aufbau des Camps ist nicht abgeschlossen, da uns, wie erwartet, Risse und Presseisrücken in der Scholle regelmäßig zu Umbaumaßnahmen zwingen. Auch für mein Logistik- und Sicherheitsteam gibt es, neben Eisbärenwache, Baumaßnahmen und Ladungsoperationen, an Bord und auf dem Eis noch viel zu tun, ehe wir von etwas, das entfernt an Routine erinnert, sprechen könnten. Es fragt sich, wie viel Routine bei einem derartigen Projekt entstehen kann. Wie viel Planung lässt eine Expedition in die Zentralarktis überhaupt zu?

Ich hatte nicht damit gerechnet, dass mich der Betrieb der drei fest installierten Infrarotkameras derart viel beschäftigen würde. Sie dienen zum einen dazu, rechtzeitig Eisbären zu bemerken, zum anderen helfen sie uns, den Standort aller auf dem Eis Arbeitenden jederzeit zu kennen, um bei einem Aufbruch der Scholle oder anderen Zwischenfällen entsprechend reagieren zu können.

„Wie viel Planung lässt eine Expedition in die Zentralarktis zu?": Bjela König (Mitte) mit Kollegen auf der Brücke der „Polarstern"

Uns allein auf starke Scheinwerfer zu verlassen war keine Option, das leuchtet jedem ein, der bei Schneefall und Nebel Auto fährt. Uns war klar, dass wir auf verschiedene Systeme setzen müssen, um eine optimale, ausfallsichere Überwachung der Scholle in der Polarnacht zu gewährleisten. Daher stehen Infrarotkameras oberhalb der Brücke, die auf verschiedenen Frequenzen und mit unterschiedlicher Signalverarbeitungstechnik arbeiten. Die von mir erwarteten Probleme mit den Kameras scheinen sich überhaupt nicht zu bestätigen, dafür stehe ich vor Herausforderungen, die ich vorher nicht abschätzen konnte.

Die kleinste der drei Kameras sieht aus, als komme sie aus der Spielzeugabteilung eines Kaufhauses, und hat die Größe und Form eines Badezimmermülleimers. Entgegen meiner Erwartung gibt sie mit stoischer Konstanz, egal bei welchem Wetter, ein derart gutes Bild ab, dass ich mich jeden Tag darüber freue, sie dabeizuhaben, obwohl ich an ihrem Überleben in der Arktis gezweifelt habe. Weit gefehlt, und es lehrt mich wieder einmal, nicht vorschnelle Urteile zu fällen.

Momentan kämpfe ich mit einer der beiden großen Infrarotkameras, genau die, um die ich mir die wenigsten Sorgen gemacht habe. Nun versuchen ein Kollege und ich dem Problem mit Wärmezufuhr an der Kamera entgegenzuwirken – was mit Schwierigkeiten verbunden ist. Wenn wir bei mehr als minus 20 Grad versuchen, einen störrischen Heizdraht mit selbstklebendem Isolierband zu befestigen, geht mir schon einmal ein Fluch über die Lippen. Der Begriff „selbstklebend" kommt im arktischen Wortschatz nicht vor und schließt sich durch die Bedingungen aus. Wenn etwas trotz der Temperaturen doch noch einen Rest Selbstklebeeigenschaften aufweisen sollte, dann dank des Windes überall, nur nicht da, wo es platziert werden soll. Ein weiteres Problem ist, dass in der Kälte alles porös wird. Greift man verzweifelt zum Kabelbinder, um nicht klebendem Isolierband auf die Sprünge zu helfen, zerspringt dieser schon bei leichtem Zug, obwohl wir schon die Variante für niedrige Temperaturen mitgenommen haben.

Dies sind nur einige der Hindernisse, denen ich hier unter arktischen Bedingungen täglich begegne und die einfachste Aufgaben nervenaufreibend machen. Dabei muss ich manchmal aufpassen, nicht das große Ganze aus den Augen zu verlieren: Teil dieses grandiosen, riesigen und etwas verrückten Projekts sein zu können. Wenn ich als Bärenwächterin auf dem Eis durch das Nachtsichtgerät schaue und dafür sorge, dass die Wissenschaftler ihrer Arbeit nachgehen können, bin ich mit mir allein und habe Gelegenheit zu reflektieren. Der Blick auf die Dinge ändert sich dann im wahrsten Sinn des Wortes. Ich neige hin und wieder dazu, von Kleinigkeiten absorbiert zu werden und zu vergessen, wo ich hier bin: auf einer Eisscholle, die ein paar Kilometer am Tag mitten im hier 4000 Meter tiefen Arktischen Ozean treibt. Was sollen mich da Kabelbinder und Klebeband ärgern?

Die globale Sichtweise ist wichtig

„World Ocean Review"
No. 1 bis 6

Vielen Dank für die Zusendung Ihrer „World Ocean Reviews". Die Bände geben sehr viel Informationen in übersichtlicher und tiefgehender Weise. Mir dienen sie vor allem als Grundlage und Ergänzung für meine biologische Tätigkeit im Elbe-Ästuar (oder was davon übrig geblieben ist). Es sind die Wattflächen, die Restpriele und die von den Deichen an der Oste und der Elbe abgeschnittenen Priele, die Hoch- und Niedermoore im Elbe-Oste-Dreieck und entlang der Geest. Die Wiederherstellung der Durchgängigkeit der Nebengewässer für Organismen und Sedimente ist derzeit unser wichtigstes Anliegen, ebenfalls die Regeneration der ehemaligen Hochmoorflächen, die eine besondere Funktion als Wasserspeicher, Temperaturregler und Filter im Wasserkreislauf haben. Bei der Bearbeitung lokaler Themen halten wir auch immer die globale Sichtweise für wichtig.

Georg Ramm, Oberndorf

Ich kenne mare bereits seit einigen Jahren, als ich noch Master-Student in Deutschland war. Inzwischen bin ich Doktorand an der Fakultät für Internationale Beziehungen an der Wirtschaftsuniversität in Bratislava. Ich möchte Ihnen dafür danken, dass Sie der Fakultätsbibliothek Ihre Ausgaben des „World Ocean Review" zur Verfügung gestellt haben. Wir sind erfreut über das kostenfreie Studienmaterial, denn die finanziellen Ressourcen unserer Bibliothek sind begrenzt. Ihre „World Ocean Reviews" sind eine zuverlässige Quelle für die Studenten, und sie werden intensiv in den Seminaren genutzt. Unsere Dozenten arbeiten unter anderem über Umweltdiplomatie und Blaue Ökonomie und sind Teil des Projekts „Umweltdiplomatie und Geopolitik" im Rahmen des EU-Forschungsprogramms „Horizont 2020".

Peter Vala, Fakultät für Internationale Beziehungen an der Wirtschaftsuniversität Bratislava, Slowakei

Freundliche Umschreibung

mare No. 134

Das mit dem neuen Papier war zumindest bei Ausgabe 134 leider gar nichts. Die Seiten 6 und 7 sehen aus wie bei meinem alten Tintenstrahldrucker kurz vor Ende der Patrone, und das schöne Foto auf Seite 54 ist nun wirklich „opak" – wenn das die freundliche Umschreibung für streifig ist. Wirklich schade. Ich hoffe, die Suche nach einem passenden Druckpapier findet bald ein besseres Ende. (Zur Not wäre mir das auch 50 Cent mehr wert.)

Christopher Fock, per E-Mail

Wir bedauern sehr, dass unser Leser Christopher Fock das Pech hatte, eine unglücklich gedruckte Ausgabe erhalten zu haben. Offenbar kommt selbst bei unserer aufwendigen Kontrolle – ein von mare beauftragter Druckspezialist überwacht eigens den Druck im Druckhaus – ein solches Malheur vor. Herr Fock erhält selbstverständlich kostenlos ein makelloses Exemplar zugesandt. Die Red.

Irgendwie deprimierend

mare No. 134, Titelthemen „London"

Seit gut zehn Jahren lebe ich nun schon als deutscher Expat in London. Auf einem Rückflug von der Heimat habe ich Ihre Ausgabe am Kölner Flughafen gesehen – an dem magischen Titel kam ich einfach nicht vorbei. Sie haben es geschafft, nicht nur mich, sondern selbst meine Freunde – alles alteingesessene Londoner, die die Ausgabe bei mir zu Hause gesehen haben – mit Ihren Themen (die endlich einmal nichts mit dem Brexit zu tun hatten – danke, danke, danke!) zu überraschen. Noch nie habe ich eine Story über die Eel & Pie Shops gelesen, dazu ist sie auch noch besonders liebevoll gemacht. Für mich besonders interessant war auch die Geschichte der „Windrush"-Emigranten. Einer meiner Arbeitskollegen in London stammt direkt von einem Angehörigen der „Windrush"-Generation ab. Ihm machen die drastisch zunehmenden Alltagsrassismen in London Sorgen. Sie sind, sagt er, eine Folge des Brexit-Irrsinns, der alle Dämme hat brechen lassen, die bis zum Referendum immer stabil hielten. Unsere Diskussionen beim Feierabendbier im Pub drehen sich oft um die Frage, ob es die Rassismen der Elite oder die der Unterschicht sind. Es scheint, als seien mit Londons neuen Brexiteer-Nationalisten alte, längst überwunden geglaubte Verhaltensmuster wiedererweckt worden. Irgendwie deprimierende Aussichten für die nächsten Jahre.

Toby Hilliger, per E-Mail

Wir freuen uns über Ihre Briefe, müssen uns aber Kürzungen vorbehalten.
mare Leserbriefe, Pickhuben 2, 20457 Hamburg, mare@mare.de, Fax +49/(0)40/369 859 99

Mein Hooge, 7.

Unser Kolumnist reiste als Jugendlicher achtmal nach Hooge. Jetzt, nach 30 Jahren, erkundet er die Hallig erneut, als Erwachsener, als Stadtmensch, mit tausend Fragen im Gepäck. Heute besucht er die einzige Schule

Von Jan Keith

AUF DER HALLIG HOOGE LEBEN ZWÖLF SCHULpflichtige Kinder. Sie heißen Ronja, Ulrike, Justin, Fynn, Nosani, Elahe, Ella, Ilham, Noah, Miriam, Mohammed und Marie. Sie gehen auf die einzige Schule der Hallig, auf der Ockelützwarft.

Neulich habe ich diese Schule besucht, eine Grund- und Hauptschule. Sie befindet sich in einem Rotklinkergebäude am Aufgang zur Warft. Es gibt einen einzigen Klassenraum. Und eine einzige Lehrerin, Manuela Warda, Jahrgang 1975.

Seitdem ich sie im Unterricht beobachtet habe, weiß ich, dass Halliglehrer ähnliche Fähigkeiten mitbringen müssen wie Verkehrspiloten beim Landeanflug im Sturm. Geschüttelt von Gewitterwolken und Winden, behalten sie viele Dinge gleichzeitig im Blick: Höhe, Geschwindigkeit, Kurs und die eigenen Nerven.

Manuela Warda beherrscht das Multitasking perfekt. Denn in ihrem Klassenraum sitzen sie alle zusammen: drei Erstklässler, zwei Zweitklässler, ein Drittklässler, ein Viertklässler, ein Fünftklässler, ein Sechstklässler, zwei Achtklässler, ein Neuntklässler. (Eine siebte Klasse gibt es derzeit nicht.) Während in Hamburg-Eppendorf der jahrgangsübergreifende Unterricht als neuester pädagogischer Wurf gefeiert wird, abgekupfert von den Skandinaviern, gibt es ihn auf Hallig Hooge schon immer.

Der Trick ist nun folgender: Manuela Warda nimmt sich innerhalb einer Unterrichtsstunde fünf oder zehn Minuten, um mit einer Klasse neuen Stoff durchzunehmen. In dieser Zeit arbeiten die anderen Schüler still, manche mit Kopfhörern. Dann wird gewechselt. Bis jede Klasse mal dran ist mit aktivem Unterricht.

Ich habe es selbst erlebt, wie sie blitzschnell umschaltet, zwischen Erstklässler und Teenager, zwischen ABC-Üben und – sagen wir – Goethes „Faust". Ihre Schüler sind sechs bis 15 Jahre alt, darunter vier Flüchtlingskinder aus Afghanistan und die eigene Tochter. Da ist jeder Schultag ein stürmischer Landeanflug. „Diese Bandbreite macht es anstrengend. Aber es funktioniert", sagt sie.

Erich Kästner schrieb einmal: „Echte, berufene, geborene Lehrer sind fast so selten wie Helden und Heilige." Manuela Warda ist so ein seltenes Exemplar. Eins mit großem Herz und großem Gehirn.

Noch vor Kurzem herrschte an der Halligschule Chaos. Lehrerinnen kamen und gingen, es waren drei in vier Jahren. Die eine wollte nach zwei Jahren wieder weg, die zweite fiel nach einem Unfall lange aus, mit der dritten stritten sich die Eltern, woraufhin diese sich krankmeldete. „Es gab wochenweise keine Schule", erzählt Sandra Wendt, damalige Elternsprecherin. Später übernahmen pendelnde Ersatzpädagogen den Unterricht, an zwei oder drei Tagen in der Woche.

Die Hooger Eltern liefen Sturm. Es gab wütende Anrufe beim Husumer Schulamt. Ein Elternpaar war so verzweifelt, dass es die Sache selbst in die Hand nahm: Auf Facebook rief es Pädagogen dazu auf, sich auf die vakante Lehrerstelle auf Hooge zu bewerben. Das Problem: Es gab gar keine freie Lehrerstelle. Die aktuelle Lehrerin war ja nur krankgeschrieben. Ein interessanter Fall von Selbstjustiz.

Vorbei. Seit Manuela Warda zu Beginn des Schuljahrs von Niedersachsen nach Hooge wechselte, weicht der Frust einer neuen Euphorie. Sie will den Halligschülern Plattdeutsch näherbringen, mit ihnen ins Watt gehen, und sie hat für jedes Kind eine „Land-unter-Mappe" zusammengestellt, Lernblätter für zu Hause, wenn die Nordsee über den Deich tritt. „Mir scheint, dass sie richtig Lust darauf hat, hier zu sein", sagt Sandra Wendt. Hooges Bürgermeisterin Katja Just ergänzt: „Ich bin ganz angetan und ganz begeistert."

Sogar das Schulamt zeigte sich spendabel und stockte die Lehrerstelle auf eineinhalb auf. Seitdem kommt an zwei Tagen ein zweiter Lehrer nach Hooge, der die Fächer unterrichtet, die Manuela Warda nicht so liegen, Naturwissenschaften etwa oder Weltkunde. Den Rest übernimmt sie selbst: Mathematik, Deutsch, Religion, Sport, Kunst, Englisch, Musik.

Nur eine Sache frage ich mich: Wie ist es eigentlich, die eigene Tochter zu unterrichten? Ella, acht Jahre alt, dritte Klasse. Ist nicht die Versuchung zu groß, das eigene Kind zu bevorzugen?

Manuela Warda hält kurz inne, lächelt. Dann sagt sie: „Wissen Sie, es sind so wenige in der Klasse, da sind nach und nach alle Kinder so wie die eigenen."

Erich Kästner wäre bestimmt begeistert.

Illustration: Orlando Hoetzel

Oben **Willem van de Velde der Jüngere: „The Evening Gun – Shipping in the Calm with a Dutch Bezan Yacht", Öl auf Holz.**
Rechte Seite oben **Willem van de Velde der Ältere, auf einem Druck von etwa 1750, nach einem Gemälde aus dem späten 17. Jahrhundert.**
Rechte Seite unten **Willem van de Velde der Jüngere, gemalt von Lodewijk van der Helst, um 1665, Öl auf Leinwand**

Ein erfolgreiches Familienunternehmen

der Ältere *Willem van de Velde* der Jüngere

Wie zwei Maler mit Kriegsbildern zu einer Marke wurden

Von Anneke Bokern

Willem van de Velde der Ältere: „Dutch Ships Underway in a Moderate Breeze, from the Anchorage off Vlieland", um 1645, Grisaille, Tinte auf Holz

ES WAR EINE LANGE UND BLUTIGE Seeschlacht. Mehr als 250 englische und niederländische Kriegsschiffe hatten sich am 10. August 1653 vor der niederländischen Küste bei Scheveningen versammelt. Am Strand tummelten sich Hunderte Zuschauer, es hing viel von dem Zusammentreffen ab. Schon seit Juni blockierten die Engländer Hollands Seehäfen – eine Katastrophe für die kleine Nation, die ihre wachsende Bevölkerung nur mit Kornlieferungen aus dem Baltikum ernähren konnte. Am frühen Morgen fiel der erste Kanonenschuss. Es folgte ein erbittertes Gefecht, zwölf niederländische und zwei englische Schiffe sanken. Brandschiffe explodierten, Leichen trieben zwischen Wrackteilen – bis die niederländische Flotte am späten Nachmittag den Rückzug antrat, woraufhin auch die schwer lädierten Engländer endlich nach Hause fuhren.

Mitten im Getümmel saß die ganze Zeit ein Mann in einem Segelboot und zeichnete. Zwischen Kanonenschüssen und brennenden Schiffsrümpfen hantierte er mit riesigen Papierbögen, auf denen er mit Grafitstift festhielt, was um ihn herum geschah. Wieder in der Sicherheit seines Ateliers, überarbeitete er die Skizzen mit Feder oder Pinsel und verwandelte sie in unglaublich detailreiche Grisaillen, Malereien in Grau, Schwarz und Weiß, auf denen der Ablauf der Seeschlacht zu sehen ist – inklusive um Hilfe schreiender Matrosen und dümpelnder Pulverfässer. Selbst das Boot mit dem Zeichner fehlt nicht. Da sitzt er inmitten des Höllenspektakels, einen breitkrempigen Hut auf dem Kopf, beobachtet von einem Gehilfen, und zeichnet, scheinbar in aller Seelenruhe.

Willem van de Velde der Ältere war Künstler und Kriegsreporter in einem. In seinem Plattbodenboot war er bei einem halben Dutzend Seeschlachten dabei, seit dem Ersten Niederländisch-Englischen Seekrieg sogar in offiziellem Auftrag der Marine. In Kriegszeiten, wenn andere Künstler unter Auftragsmangel leiden, war van de Veldes Geschäft besonders profitabel. In wessen Auftrag er zeichnete, war für ihn dabei offenbar zweitrangig, denn 1674 emigrierte van de Velde nach England und trat mit seinem ältesten Sohn Willem, der ebenfalls Künstler war, in den Dienst von Charles II. Im ehemaligen Feindesland bauten Vater und Sohn einen florierenden Familienbetrieb auf, der auf die Produktion von Seestücken spezialisiert war. Damit erschufen sie nicht nur ein Genre, sondern auch eine Marke.

Wodurch der 1611 in Leiden geborene Willem van de Velde auf die Idee kam, Künstler zu werden oder bei wem er das Handwerk lernte, ist nicht bekannt. Dass er sich auf maritime Kunst spezialisierte, war wenig verwunderlich. Sein Vater war ein flämischer Binnenschiffer, in seiner Jugend hatte auch Willem sich als Matrose verdingt. Fest steht, dass er zwischen 1633 und 1636 nach Amsterdam zog und mit der Anfertigung und dem Verkauf maritimer Zeichnungen begann.

Immer wieder zog es ihn jedoch von seinem Atelier aufs Meer hinaus: Auf der Suche nach maritimen Ereignissen, die sich zu dokumentieren lohnten, reiste er zum Beispiel 1643 in die Hafenstadt Den Helder und auf die Wattinseln Texel und Terschelling, wo er jeweils die niederländische Flotte im Hafen porträtierte, und 1648 in die südholländische Stadt Hellevoetsluis, wo zu dieser Zeit die Niederländer zwischen der parlamentarischen und der royalistischen britischen Flotte lagen.

Als 1652 die Englisch-Niederländischen Seekriege begannen und van de Velde sich mitten ins Geschehen stürzte, wurden seine Werke enorm populär. Die Admiräle Maarten Tromp und Michiel de Ruyter beauftragten ihn mit der Dokumentation von Seeschlachten, stellten Boote zur Verfügung und veranlassten, dass deren Kapitäne nach seinen Anweisungen navigierten. Laut dem Künstlerbiografen Arnold Houbraken soll sich Admiral Jacob van Wassenaer Obdam mit Verwunderung darüber geäußert haben, „dass sich einer aus Liebe zur Kunst so nah an die Gefahr zu begeben wagt“. Auch wenn van de Velde einmal nicht beauftragt wurde, garantierten seine guten Kontakte in Marinekreisen, dass er bei anstehenden Seeschlachten rechtzeitig vor Ort sein konnte. Zur Schlacht vor Lowestoft reiste er 1665 sogar eine Woche im Voraus an – wurde danach aber kaum ein Werk los, da die Schlacht für die Niederländer mit einer schweren Niederlage endete.

Solche Fehlschläge gehörten zum Berufsrisiko des Kriegszeichners. Was die Kunden sehen wollten, waren keine Niederlagen, sondern Heldentaten. Dafür hielt van de Velde die Flottenkonstellationen vor Ort mit Grafitstift auf zusammengeleimten Papierbögen fest, die mehr als einen Meter breit und 30 Zentimeter hoch waren. Bei jeder Schlacht entstanden etwa 25 Zeichnungen. Diese waren aber noch keine fertigen Produkte, sondern dienten nur als Vorlagen für Drucke, großformatige Grisaillen und Tapisserien für vermögende Käufer. Im Nachhinein verdichtete der Künstler die Geschehnisse in Darstellungen mit hohem Blickpunkt, auf denen die Schiffe sich perspektivisch günstig staffelten. Teilweise konnte er sechs Jahre lang von einer Schlacht zehren.

Um 1651 stieg van de Veldes damals 18-jähriger Sohn Willem in den Betrieb ein. Im Gegensatz zum monochromen Realismus des Vaters war Willem der Jün-

Lesen Sie bitte weiter auf Seite 102

Oben **Willem van de Velde der Jüngere: „‚Provincie of Utrecht'", um 1665, Grafit auf Papier.**
Unten **Joseph Ignace de Hoey: „Willem van de Velde Sketching a Sea Battle", 1845, Öl auf Leinwand**

Willem van de Velde der Jüngere: „Die ‚Gouden Leeuw' auf dem IJ vor Amsterdam", 1686, Öl auf Leinwand

gere auf farbige Malerei spezialisiert. Er stellte Gemälde auf Basis der Zeichnungen seines Vaters her, schuf aber auch friedliche Seestücke. Wie beim Vater standen bei ihm die Schiffe im Mittelpunkt – mal auf dem spiegelglatten Meer treibend, mal dramatisch im Sturm krängend. Seine Palette beschränkte sich meist auf die Blautöne des Himmels und die Brauntöne der Schiffe, ergänzt von wenigen, strategisch platzierten Farbtupfern. Die Detailverliebtheit des Vaters traf auf die virtuose Lichtführung des Sohns, die sich vor allem in den typischen Wolkenpanoramen zeigt. Haushoch türmen sich die Formationen, dramatisch beleuchtet von der Abendsonne oder bleischwer im Sturm.

In der Kunstgeschichte fanden Seestücke jedoch lange Zeit wenig Beachtung. Dass sie meist nur als historische Dokumente oder Spezialinteresse von Marinefreunden galten, zeigt sich unter anderem daran, dass sie heute häufig nicht in Kunst-, sondern in Schifffahrtsmuseen zu finden sind. Das gilt vor allem für die Werke von Willem van de Velde senior, der sich innerhalb des Genres auf Federzeichnungen spezialisiert hatte.

Wie er auf diese Technik kam, weiß man nicht genau. Sein einziger Vorgänger in der Kunstgeschichte war der Maler und Kupferstecher Hendrick Goltzius – der allerdings bereits seit 20 Jahren tot war, als van de Velde 1638 seine früheste überlieferte Federzeichnung anfertigte.

Die Faszination der Zeichnungen von van de Velde senior liegt nicht nur in der kuriosen Technik, sondern auch in ihrer klaren Linienführung und den virtuosen Kompositionen, vor allem aber in ihrem unglaublichen Detailreichtum. Jedes noch so kleine Detail ist erkennbar, von Inschriften und Intarsien auf dem Spiegel von Schiffen bis hin zu Gegenständen wie Pickhaken und Tauen. Stundenlang kann man die Zeichnungen anschauen und, ähnlich einem Wimmelbild, immer Neues entdecken. Dabei zeichnet sie gleichzeitig auch ein gewisser Minimalismus aus; durch das Fehlen von Farbe sind die Darstellungen auf das Wesentliche reduziert.

Quasi im Alleingang hat van de Velde der Ältere bewirkt, dass die Federzeichnung zur Spezialtechnik für Marinestücke wurde und sich bis ins 18. Jahrhundert großer Beliebtheit erfreute – wobei seine Nachfolger sie immer malerischer ausführten und Lasuren anbrachten, wo van de Velde schraffiert hätte. Insofern scheint es nur logisch, dass auch van de Veldes Sohn nicht zeichnete, sondern malte und beim Marinemaler Simon de Vlieger in die Lehre ging. „Der Einfluss von beiden – der des Vaters und Simon de Vliegers – manifestiert sich in van de Veldes Werk: in seinen gediegenen Kenntnissen vom Schiff, von seinem Tauwerk, seiner Lage auf dem Wasser bei Windstille, steifer Brise und Sturm – und in seinem Blick für Ton, Atmosphäre und Lichtwirkung", schrieb der Kunsthistoriker Laurens Bol 1973.

Sein berühmtestes Gemälde ist auch gleichzeitig sein imposantestes: „Die ‚Gouden Leeuw' auf dem IJ vor Amsterdam", 1686 entstanden und heute im Amsterdam Museum, misst majestätische 1,80 Meter mal 3,15 Meter. Durch eine Wand aus Masten blickt man auf die Silhouette der Stadt. Ungewöhnlich ist, wie Jeroen Giltaij und Jan Kelch schreiben, der niedrige Standpunkt, der bewirkt, dass der Betrachter zu den Schiffen aufschaut. „Über dem Streifen mit dem plätschernden Wasser, den Schiffen und der Stadt erstreckt sich ein endloser Himmel, der beinahe doppelt so viel Platz einnimmt wie der Streifen mit dem Wasser und der Stadt. In Letzterem strebt allein der Mast der ‚Gouden Leeuw' mit der riesigen Flagge in die Höhe. Große Wolkenflächen bedecken den Himmel, doch durch ein Loch scheint die Sonne und beleuchtet die Segel des großen Schiffes."

20 Jahre florierte der Amsterdamer Familienbetrieb – bis 1672 das *rampjaar*, das Katastrophenjahr, kam. In jenem schicksalsträchtigen Jahr, das als Anfang vom Ende des Goldenen Zeitalters gilt, wurden die Niederlande von allen Seiten attackiert: England, Frankreich, Köln und Münster erklärten der Republik den Krieg, innenpolitisch brodelte es. Als im Winter Ludwig XIV. mit 100 000 Soldaten einmarschierte, griff man zum äußersten Mittel und flutete den Verteidigungsring rund um die Stadt. Banken und Läden mussten schließen, der Kunsthandel kam zum Stillstand.

Ein Jahr zuvor hatte König Charles II. ein Pamphlet in den Niederlanden verbreiten lassen, in dem er die Einwohner der Feindesnation aufrief, sich in England niederzulassen. Vermutlich hatten die van de Veldes davon gehört. Jedenfalls berichtet der Kunsthändler Pieter Blaeu 1674 in einem Brief an Kardinal Leopoldo de' Medici, einen Auftraggeber der van de Veldes, dass „durch das Elend, in dem sich dieses Volk befindet, nur noch wenig für ihn [van de Velde d. Ä., *die Red.*] zu tun war und er sich entschied, nach England zu gehen". Es kann keine leichte Entscheidung gewesen sein, denn immerhin war der Vater inzwischen 62 und der Sohn auch bereits 40 Jahre alt.

In England angekommen, wechselten die van de Veldes problemlos die Auftraggeber und damit auch die politischen Seiten: Statt für Tromp und de Ruyter arbeiteten sie nun für den Duke of York und Charles II., die ihnen Räume im Queen's House in Greenwich zur Verfügung stellten und ein großzügiges Gehalt bezahlten. Der Übergang verlief offenbar reibungslos, im Juni 1673 navigierte Willem der Ältere bei der Schlacht von Schooneveld bereits wieder zeichnend zwischen englischen und niederländischen Kriegsschiffen – allerdings nun in einer Ketsch, die der Duke of York gestellt hatte. Es sollte jedoch das letzte Mal sein, dass van de Velde eine Seeschlacht aus unmittelbarer Nähe miterlebte. Wenige Monate später untersagte der König dem geschätzten Zeichner, sein Leben bei der Schlacht vor Texel zu riskie-

Willem van de Velde der Jüngere: „Entrance to a Dutch Port", um 1665, Öl auf Leinwand

ren. Fortan musste van de Velde seine Werke nach Erzählungen anfertigen.

Immer mehr bildeten Vater und Sohn eine symbiotische Arbeitsgemeinschaft. Hatte Willem der Jüngere in Holland vor allem Seestücke mit Fischerbooten gemalt, so verlegte er sich nun auf Porträts königlicher Yachten und Segelschiffe und arbeitete weiterhin die Zeichnungen seines Vaters zu farbigen Gemälden aus. Ob er selbst je bei einer Seeschlacht anwesend war, ist nicht bekannt, aber auch er fertigte Studien gern vor Ort an.

Ein Themsefischer beschrieb einmal, wie er öfter mit ihm hinausfuhr. „Mr. Vanderveldt nahm große Bögen aus blauem Papier mit, die er komplett in Schwarz und Weiß bemalte." Als 1674 die Niederländisch-Englischen Seekriege endeten, beschäftigten die van de Veldes sich noch immer mit der Produktion von Grisaillen und Gemälden mit Szenen aus vergangenen Kriegen, stellten aber auch zunehmend andere maritime Ereignisse wie königliche Ein- und Ausfahrten, Flussprozessionen und Feuerwerke dar. Auch die „Glorious Revolution" überstand die Firma van de Velde erstaunlich unbeschadet: Als der Hof 1688 als Auftraggeber ausfiel, wandten sich die van de Veldes den hohen Marineoffizieren zu, deren Bekanntschaft sie in den Jahren zuvor gemacht hatten.

Wie der Amsterdamer Historiker Remmelt Daalder in seiner Dissertation über die van de Veldes schildert, bildeten sich im Atelier zwei Produktionslinien aus: die dokumentarische des Vaters und die künstlerische des Sohnes, der sich mehr in die theoretischen und technischen Seiten seines Faches vertiefte. Gerade die Werke von Willem dem Jüngeren erfreuten sich in England großer Beliebtheit. Im Studio waren zahlreiche Familienmitglieder beschäftigt, die Versionen, Varianten und Kopien seiner Gemälde anfertigten. Allesamt wurden sie mit dem Firmenkürzel „WVVelde" signiert.

Als Willem der Ältere 1693 starb, war das Unternehmen zu einer bekannten Marke geworden. Willem der Jüngere und sein Sohn Cornelis führten die Firma weiter bis zu dessen Tod 1729. In seinem Boot zwischen den Fronten treibend, hatte der Kriegsreporter avant la lettre einen Kunstbetrieb gegründet, der drei Generationen lang existierte und dessen Gemälde selbst William Turner noch beeinflussten.

Anneke Bokern wurde in Frankfurt am Main geboren und hat in Berlin Kunstgeschichte studiert. Seit beinahe 20 Jahren lebt sie in Amsterdam und schreibt als freie Journalistin für deutsche Medien über Architektur, Kunst und Design.

DER SOHN DES APOTHEKERS UND DIE HOLZPANTOFFELJUNGENS

In der Mark wird er als heimischer Dichterfürst verehrt. Doch Theodor Fontane hat prägende Jahre seiner Kindheit in Swinemünde an der Ostsee verlebt

Von Roland Brockmann

WIE SPIESSBÜRGERLICH WAR mein heimathliches Ruppin, wie poetisch das aus bankrutten Kaufleuten bestehende Swinemünde, wo ich von meinem 7. bis zu meinem 12. Jahre lebte und nichts lernte [...] das Leben auf Strom und See [...] englische Matrosen und russische Dampfschiffe, die den Kaiser Nicolaus brachten – das war besser als die unregelmäßigen Verba, das einzig Unregelmäßige, was es in Ruppin gab. Ja, Swinemünde war herrlich." (Aus: Theodor Fontane, „Meine Kinderjahre".)

Am 30. Dezember jährt sich Theodor Fontanes 200. Geburtstag, die Liste der Feiern in Brandenburg ist lang. Aber wichtige Jahre seiner Kindheit hat der Dichter der Mark an der Ostsee verbracht.

Als Fontane sieben war, zog seine Familie nach Swinemünde, damals eine kleine Hafenstadt auf der Insel Usedom, heute das polnische Świnoujście. Bevor er seine ersten Zeilen schrieb oder gar an Effi Briests Liebesleben dachte, blickte er auf Schiffe, die seine Fantasie beflügelten, wie die „Königin Luise", von ihren Reisen um die Welt heimkehrend. Sein „Hauptschiff aber war der ‚Mentor', von dem es hieß, dass er einen Kampf mit chinesischen Seeräubern bestanden habe". „Solche Geschichten waren immer in der Luft", erzählt Fontane in „Meine Kinderjahre", seinem autobiografischen Roman. Ein Jahr vor seiner Ankunft war in Swinemünde die erste Dampfschiffsverbindung eingerichtet worden. Für den aus Brandenburg kommenden Jungen offenbar ein Schauspiel: „Ich sehe mich noch am Bollwerk stehen und auf das Anlegen der ‚Kronprinzessin Elisabeth', des von Stettin kommenden Dampfers, warten, der täglich die Zeitungen mitbrachte."

„Bollwerk" nannten die Swinemünder die Straße entlang der Swine, die in die Ostsee mündete und nur der „Strom" hieß. Der Ort indes war ein „unschönes Nest" mit weniger als 4000 Einwohnern. Zwar wurde er schon kurz vor Fontanes Ankunft mit der ersten offiziellen Badesaison zum Seebad erklärt – es gab ein Gesellschaftshaus, auch Bälle, doch Kurhaus, Konzertmuschel oder Badehäuser entstanden erst später. Und zur „Badewanne der Berliner" mutierte der Ort erst von 1876 an mit der Eisenbahnanbindung nach Berlin. Erst dann kam auch der Kaiser.

Zu Fontanes Zeiten also fehlte Swinemünde alles Mondäne. Als „recht hässlich und, als dann der Mond in die Fenster schien, auch sogar etwas unheimlich", erschien dem Jungen beim Einzug das neue Wohnhaus der Familie. Zum Gebäude gehörten neben der Adler-Apotheke, die sein Vater erworben hatte, auch Pferde-, Kuh- und Schweineställe. Die Sommertage standen „wegen überreichen Milchertrags wochenlang im Zeichen von Milchsuppe". Das mag nach Kinderarmut klingen, war damals aber auch in bürgerlichen Verhältnissen keinesfalls ungewöhnlich. Die eigentlichen Wohnräume, so empfand es Fontane als Kind, „waren das Mindeste zu sagen anfechtbar, entzückend aber waren Hof und Garten".

Als Apothekerfamilie gehörten die Fontanes zum kleinen Kreis der Honoratioren. Als seine erst etwas später nachgekommene Mutter ihren Sohn „mit den Holzpantoffeljungens" aus der Schule kommen sah, war sie außer sich und meldete ihn noch am selben Tag ab. Fortan wurde der Junge privat unterrichtet. Das Haus wurde umgebaut und eingerichtet, erhielt einladende Salons. Im Sommer kam Besuch, „oft reizend, meist junge Frauen aus der Berliner Verwandtschaft, plauderhaft und heiter". An fast jedem schönen

Tag fuhr die Kutsche vor, ging es „am Strand hin, bis Heringsdorf". Im Spätherbst dann ruhte das gesellschaftliche Leben, man erholte sich von den Strapazen der Sommersaison und stärkte sich für die Wintergesellschaften. Gänse wurden geschlachtet, dann Schweine. Vom Jungen wurde Tapferkeit erwartet und dass „man seine Ehre darin setzt, alles mannhaft mit durchzumachen, auch wenn sich die eigenste Natur dagegen auflehnt". Erlösung „unter einem glücklicheren Stern" bot dann erst die Backwoche mit Pfeffer- und Zuckernüssen, wenn es im Haus nach Mandeln und Zitrone roch.

Manche Erinnerungen in „Meine Kinderjahre" klingen geradezu bilderbuchhaft. Zu Weihnachten gab es vor allem Bücher und Atlanten, aber einmal auch eine funktionierende Spielzeugkanone. Und tatsächlich erlebte Fontane wohl eine glückliche Kindheit. An den stattlichen Papa erinnert er sich als „voll Bonhomie, dabei Phantast und Humorist, Plauderer und Geschichtenerzähler". Und im Alter entdeckte der Autor sich im Vater von damals wieder. „Wenn ich entsprechende Szenen in meinen Romanen und kleinen Erzählungen lese, so ist es mir mitunter, als hörte ich meinen Vater sprechen." Ganz anders die Erinnerungen an die Mutter. Im Charakter sachlich und trocken, neigte sie zu Ausbrüchen. „Dem kleinsten Fehler zeigte sie die ‚rasche Hand'."

Die Eltern waren hugenottischer Herkunft und lebten „mehr oder weniger ernsthaft" in dauerndem Zwist. Das Bürgertum gab Regeln vor, aber im Haus herrschte doch eine Kultur des Laisser-faire. An Herrenabenden kam es vor, dass auf die Londoner „Times" Bezug genommen wurde. „Von Pfahlbürgertum, von Engem und Kleinem überhaupt, existierte keine Spur." Und auch die Swinemünder Gesellschaft erinnert Fontane alles andere als „spießbürgerlich"; durch die ansässigen Schweden, Dänen, Holländer und Schotten wirkte das Städtchen nach damaligen Maßstäben wohl fast schon multikulturell.

Fontanes Jugend fällt in die Zeit des Vormärz. In Berlin regierte Friedrich Wilhelm III., Preußen erlebte nach dem Ende der Befreiungskriege eine ungewöhnlich lange Friedensperiode. Wilhelm von Humboldt hatte seine Bildungsreform umgesetzt, in der der neue Bürger als selbstverantwortliches Individuum definiert wurde.

Im Vergleich mit der Hauptstadt war Swinemünde natürlich Provinz. Für den norddeutschen Jungen bot dies vor allem viel Freiraum. Nicht nur der große Hof hinter dem Haus und der verwilderte Garten lockten als Abenteuerspielplatz. Der Unterricht durch Hauslehrer hinderte ihn nicht am Kontakt zu den Swinemünder Straßenjungen, mit denen er sich als Zwölfjähriger raufte. Da galten keine Klassenschranken. Vor allem am Bollwerk, wo die „ihrer Obermasten entkleideten Schiffe" festlegten, tummelte er sich mit ande-

Die Adler-Apotheke um 1870. Fünf Jahre hat Theodor Fontane mit seinen Eltern in diesem Haus auf Usedom gewohnt. Als Apothekerfamilie gehörten die Fontanes zu den Honoratioren der Insel

Die Apotheke in Swinemünde.

Theodor Fontane, 1868. Den Apothekerberuf hatte er aufgegeben und verdingte sich als Journalist. Erst spät im Leben begann er, Erzählungen und Romane zu schreiben

ren Kindern, um auf den ausgespannten Tauen „Seiltänzerkünste" zu üben. Nur an Bord der Schiffe und bis hoch in den Mastkorb klettern, das durften sie nicht. Und für jugendliche Rebellion war Fontane doch zu sehr Bürgerkind. Zur Auflehnung gab es für ihn kaum Grund; eher schon korrigierte der Heranwachsende seinen Vater in dessen schwacher französischer Grammatik, was der aber milde goutierte.

Ihm folgte Theodor Fontane zunächst auch in seiner Berufswahl. Erst mit 30 Jahren gab er den Apothekerberuf auf, um als freier Schriftsteller zu leben. Als er im April 1892, während er an „Effi Briest" schrieb, an Depression erkrankte, riet ihm sein Arzt, sich bei leichterer Arbeit zu erholen, etwa mit Lebenserinnerungen. „Ich wählte meine Kinderjahre (bis 1832) und darf sagen, dass ich mich an diesem Buch wieder gesund geschrieben habe."

Anfang 1832 reisten Theodor Fontane und seine Mutter mit der Postkutsche zurück nach Neuruppin, und damit enden Fontanes Aufzeichnungen über seine Kinderjahre in Swinemünde. Gerade das persönliche Erinnern an diese Zeit aber verlieh ihm wohl erst den nötigen Schwung für die Fertigstellung seines großen Wurfs „Effi Briest" – Höhe- und Wendepunkt im poetischen Realismus der deutschen Literatur. Als Pate des literarischen Handlungsorts Kessin taucht Swinemünde darin immer wieder auf: Es sind die Ostseedünen bei Swinemünde, wo die unglückliche Effi ihren Mann, Baron von Innstetten, mit ihrem Liebhaber betrügt. Der „Mohrenapotheke" von Kessin diente die väterliche Apotheke als Vorbild, und selbst den Ingenieur des Dampfbaggers, den er als Kind bei der Arbeit beobachtete, lässt er als Maschinen- und Baggermeister Macpherson, „dessen Garten dem Instettenschen Haus benachbart war", in „Effi Briest" wieder aufleben.

Auf den ersten Blick nur Details, die aber waren Fontane immer wichtig. „Ich weiche ganz vom Üblichen ab und erzähle nur Kleinkram", schrieb er seinem Brieffreund Georg Friedlaender über seinen autobiografischen Roman. „Meine Überzeugung, dass das das Richtige sei, ist unerschütterlich."

Roland Brockmann, mare-Autor der ersten Stunde, lebt als freier Journalist in Berlin. An Fontane schätzt er dessen Auge für das vermeintlich Nebensächliche.

mareRadio

Jeden ersten Sonntag im Monat auf Bremen Zwei

EUROPA – FISCHGRÜNDE UND ABGRÜNDE

HELLER SCHEIN UND DUNKLE SEITEN

Sonntag, 1. Dezember 2019, 12.05–14 Uhr

Über die Zukunft von Nordsee und Ostsee, von Mittelmeer und östlichem Atlantik wird maßgeblich in Brüsseler Gremien entschieden. Mit ihrer gemeinsamen Fischereipolitik wollten die Staaten der Europäischen Union eigentlich die Überfischung beenden – passiert ist aber bislang nur wenig. Die europäischen Fischer schippern derweil unruhigen Zeiten entgegen: Der Brexit könnte bedeuten, dass sie ergiebige Fanggründe vor Großbritannien verlieren. mareRadio berichtet von Fischgründen und Abgründen der Staatengemeinschaft und fragt nach, ob sich mit dem neuen EU-Fischereikommissar und bisherigen litauischen Wirtschaftsminister Virginijus Sinkevičius in Zukunft etwas ändern könnte.

NEUES VON GESTERN – TRADITIONEN UND GESCHICHTEN VOM MEER

Sonntag, 5. Januar 2020, 12.05–14 Uhr

Termine

BARCELONA (SPA)

„Les Sorres X" – Ein Schiff des Mittelalters
Das Schiff wurde 1990 während Bauarbeiten ausgegraben und wird in die zweite Hälfte des 14. Jahrhunderts datiert. Für die Forschung ist es eine seltene Informationsquelle für die frühe Küstenschifffahrt. Gezeigt wird die Bergung, Konservierung und die Vorbereitung der Ausstellung selbst. Bis 4.2.2022, täglich 10–20 Uhr, Museu Marítim de Barcelona. www.mmb.cat

BERLIN

Ocean Dwellers – Meeresbewohner
Ausstellung mit Kunstinstallationen und -laboren aus Dänemark, Finnland, Island, Norwegen und Schweden, die Kunst, Wissenschaft und Science-Fiction verbinden. Sie fragen: Was würde es bedeuten, eine Meeresweltsicht zu vertreten? Bis 30.1.2020, Mo–Fr 10–19, Sa, So 11–16 Uhr, Nordische Botschaften, Felleshus. www.nordischebotschaften.org

BREMERHAVEN

Maritimes Kino: „Aquarela"
Ein Film von Victor Kossakovsky. Nicht der Mensch, sondern das Wasser ist Hauptakteur des Films. In bildgewaltigen Aufnahmen stellt „Aquarela" die Schönheit und zugleich zerstörerische Kraft dieses Urelements dar. 5.12., 19 Uhr, Deutsches Schifffahrtsmuseum. www.dsm.museum

CUXHAVEN

Cuxhaven und das Mittelalter
Sonderausstellung zum Thema „Wie müssen wir uns Cuxhaven im frühen Mittelalter vorstellen?" Lebten die Menschen in Dörfern oder existierten nur vereinzelte Hofstellen? Gab es hier befestigte Burgen und Ritter? Hatte das damalige Cuxhaven überhaupt schon Anteil am Geschehen der großen Welt, oder war es nur ein vergessener Winkel im Dreieck zwischen Elbe und Weser? Bis 19.4.2020, Di–So 10–17 Uhr, Windstärke 10 – Wrack & Fischereimuseum. www.windstaerke10.net

Veranstaltungshinweise an:
mare-Termine
Wiebke Böse
Sandthorquaihof, Pickhuben 2
20457 Hamburg
Fax: 040/369 859 99
E-Mail: termine@mare.de
Redaktionsschluss für die nächste Ausgabe: 13.1.2020

HAMBURG

Tattoo-Legenden: Christian Warlich auf St. Pauli
Das Tätowieren erlebte zu Beginn des 20. Jahrhunderts eine erste Blüte. Protagonist dieser Zeit ist Christian Warlich (1891–1964), der als einer der bedeutendsten Tätowierer des 20. Jahrhunderts gilt und international bekannt wurde. Die Ausstellung zeigt das weltweit größte Konvolut seiner Arbeiten. Bis 25.5.2020, Mo, Mi–Fr 10–17, Sa, So 10–18 Uhr, Museum für Hamburgische Geschichte. www.shmh.de

Flucht übers Meer – Von Troja bis Lampedusa
Seit Jahrtausenden retten sich weltweit Menschen aufs Wasser, um in eine bessere Welt zu gelangen. Sonderausstellung bis 2.2.2020, täglich 10–18 Uhr, Internationales Maritimes Museum. www.imm-hamburg.de

Arbeit im Kontor – Handel mit Übersee
Am Beispiel des Handels mit Kakao und Kautschuk zeigt die Ausstellung mit Objekten, Bildern und Interviewaufzeichnungen die Arbeit in Hamburgs alten Kontoren. Bis 24.8.2020, Mi–Fr 10–17, Sa, So 10–18, Mo 10–21 Uhr, Museum der Arbeit. www.shmh.de

HELGOLAND

Franz Schenskys Meereslandschaften
Der Helgoländer Fotograf (1871–1957), ein Pionier der damals noch jungen Fotokunst, dokumentierte sowohl die archaische Meereslandschaft als auch die Gegenwehr der Insulaner gegen die übermächtige Naturgewalt. Bis 31.1.2020, täglich 10–14.30 Uhr, Museum Helgoland. www.museum-helgoland.de

PARIS (FRA)

Als Künstler Karten zeichneten

Schau mit erstmals öffentlich gezeigten „figurativen Ansichten" des 14. bis 16. Jahrhunderts, die ferne Orte darstellen, als habe der Zuschauer sie vor sich, oft von Malern, die zu den berühmtesten ihrer Zeit gehörten. Bis 6.1.2020, Mo–Fr 10–17.30, Sa, So 14–17.30 Uhr, Archives Nationales. www.archives-nationales.culture.gouv.fr

L'„Île de France"

Die Ausstellung zeigt die Legende des Luxusliners, der in den Roaring Twenties erbaut wurde, und demonstriert die Geschichte der französischen Reisekunst. Bis 10.2.2020, Di–So 11–18 Uhr, Musée des Années Trente. www.boulognebillancourt.com

STOCKHOLM (SWE)

The Arctic – While the Ice is Melting

Ausstellung mit dem Modell eines Eisbergs. Besucher gehen durch einen Spalt in den Eisberg, wo sie Erzählungen und Objekten begegnen, die die Gegenwart mit der Vergangenheit verbinden, die Wissenschaft mit der Mythologie und eine facettenreiche, poetische Geschichte über die Vergangenheit und Zukunft des Eises und das tägliche Leben der Menschen in der Arktis zeigen. Bis 5.4.2020, täglich 10–17, Mi 10–20 Uhr, Nordiska Museet. www.nordiskamuseet.se

VANCOUVER (CAN)

Lessons from the Arctic

Ausstellung über den norwegischen Polarforscher Roald Amundsen, der erste Mensch, der sowohl die Nordwestpassage bezwang (1903–1906) als auch den Südpol (1910–1912) erreichte. Bis 19.1.2020, Mo–So 10–17, Do 10–20 Uhr, Vancouver Maritime Museum. www.vancouvermaritimemuseum.com

WYK AUF FÖHR

Adventsmarkt

Handwerker und Künstler aus Föhr und aus der umliegenden Region bieten ihre Produkte in dem stimmungsvollen Ambiente der historischen Gebäude und auf dem Außengelände des Museums an. Mit Kaffee und Kuchen, Punsch und deftigen Speisen ist auch für das leibliche Wohl gesorgt. 7./8.12., 11–18 Uhr, Friesen-Museum. www.friesen-museum.de

AMSTERDAM

Rising Tide

Die sehenswerte Ausstellung mit Werken des niederländischen Fotografen Kadir van Lohuizen (der häufig auch für mare arbeitet) ist ein Weckruf: Der Klimawandel ist eine unaufhaltsame Kraft, die nur verlangsamt werden kann. Kadir van Lohuizen nutzt seine Langzeitstudie, um die Folgen der Klimakrise für den steigenden Meeresspiegel in aller Welt aufzuzeigen. Er reiste für sein Projekt nach Grönland, Bangladesch, Papua-Neuguinea, Panama, Kiribati, Fidschi, Jakarta, Miami, New York und durch die Niederlande, um die Auswirkungen steigender Meeresspiegel zu visualisieren, und sprach darüber mit Politikern und Bürgern. „Rising Tide" zeigt die menschliche Seite hinter den beunruhigenden Statistiken und skizziert eine konfrontative Vision der nahen Zukunft.

Bis 10. Mai 2020, täglich 9–17 Uhr, Het Scheepvaartmuseum. www.hetscheepvaartmuseum.nl

mare TV

Jeden ersten und dritten Donnerstag im Monat im NDR Fernsehen

IN ALASKAS FJORDWELT

5. Dezember 2019, 20.15 Uhr, NDR Fernsehen

SRI LANKA

2. Januar 2020, 20.15 Uhr, NDR Fernsehen

AN GRÖNLANDS WILDER OSTKÜSTE

EISKALT UND EINSAM

16. Januar 2020, 20.15 Uhr, NDR Fernsehen

Im Osten Grönlands leben die Menschen extrem abgeschieden. Erst Mitte des 19. Jahrhunderts gelang es den Dänen, diesen Landstrich unter ihre Herrschaft zu bringen – zu wild ist die Küste, zu unberechenbar das Eis, zu kompliziert das Anlanden. Bis heute gibt es nur sporadische Helikopterflüge zwischen den Orten, das Leben ist ursprünglich. Mit Hundeschlitten geht es auf die Jagd. Glück bringen sollen die Tupilaks, kleine, oft gruselige Figuren, geschnitzt aus Walzähnen oder Rentiergeweih. Der Ort Tasiilaq ist mit seinen 4000 Einwohnern die „Metropole" und bietet eine ganz besondere Attraktion: den einzigen Skilift an der Ostküste. Wenn aber der gefürchtete Wind Piteraq mit bis zu 300 Stundenkilometern stürmt, ist an Pistensport nicht zu denken. Dann vernageln die Einheimischen ihre Fenster vor den eisigen Fallwinden.

THALIA

Thalia-Theater Hamburg:
„Um alles in der Welt – Lessingtage 2020",
18. Januar bis 9. Februar 2020,
www.thalia-theater.de

„Theater ist keine Ideologiemaschine"

Ein Gespräch mit Thalia-Theater-Intendant Joachim Lux über die Bühnentauglichkeit der Klimakrise anlässlich der Lessingtage 2020

DIE LESSINGTAGE WIDMEN SICH dieses Jahr dem Thema „Klimawandel und Migration". Theater und Klimakrise, wie passt das zusammen?
Grundsätzlich bewegt alles, was Welt und Gesellschaft bewegt, auch das Theater, und es versucht, künstlerische Ausdrucksformen dafür zu finden. Aber wir sind keine Journalisten, Tagesaktualität wollen und können wir nicht. Die Lessingtage haben den Nebentitel „Um alles in der Welt", das ist eine Floskel. Aber sie ist in dem Sinn ernst gemeint, dass sich die Lessingtage nicht um den eigenen Bauchnabel, sondern um das Globale kümmern wollen.

Was erhoffen Sie sich davon?
Es gibt natürlich die Hoffnung, dass die inhaltliche Setzung die Zuschauer mitnimmt. Das Thema Klimawandel beschäftigt ja ohnehin schon alle. Was ich, bei aller Problematik, besonders eindrucksvoll finde, ist, dass es ein positives Thema ist. Also wir sind nicht hauptsächlich gegen Umweltverschmutzung, das sind wir natürlich. Aber wir sind vor allem für den Schutz dessen, wovon und womit wir leben. Deswegen hat diese Bewegung eine grundsympathische und mitnehmende Energie. Wenn so ein Theaterfestival nicht in Moralismus ertrinkt, sondern das Positive weitertransportiert, dann wäre das mein größter Wunsch.

Joachim Lux, 62, ist seit 2009 am Thalia-Theater

Auf dem Programm steht unter anderem die Inszenierung „Arctic" der belgischen Regisseurin Anne-Cécile Vandalem.
Anne-Cécile Vandalem ist eine sehr interessante Künstlerin, und ihre Arbeit hat unmittelbar mit unserem thematischen Schwerpunkt zu tun. Ich habe sehr gelacht, als Donald Trump Grönland kaufen wollte und beleidigt war, dass es nicht zum Verkauf stand. Daran kann man sehen, wie Dystopien wie „Arctic" plötzlich von der Wirklichkeit eingeholt werden. In der Aufführung geht es darum, dass die Nordwestpassage aufgrund der Gletscherschmelze frei befahrbar und Grönland unter globalen Ölkonzernen aufgeteilt worden ist. Das Stück bewegt sich ganz nah an den Trump'schen Wunschvorstellungen.

Dennoch bleibt Theater, sofern es nicht explizites Dokumentartheater ist, immer Fiktion. Für wie wirksam halten Sie eine Aufführung wie „Arctic"?
Dieses Stück kann nicht in einem unmittelbar politisierenden Sinn aufrütteln. Dazu ist die in der Inszenierung erzählte Welt viel zu feinnervig, zu surreal, zu poetisch. „Arctic" kann einen lediglich assoziativ aufrütteln. Mit Trump im Rücken kann man diese Inszenierung noch einmal anders übersetzen. Die Wege im Theater sind immer ein bisschen komplizierter. „Arctic" ist kein Manifest gegen die Schneeschmelze oder für die Rettung Grönlands. Da würde man das Theater in seinen Möglichkeiten falsch einschätzen und zu sehr auf die Tagespolitik begrenzen.

Das Rahmenprogramm der Lessingtage verspricht dagegen sehr konkrete Denkanstöße.
Die Eröffnungsrede hält Vandana Shiva, sie ist Physikerin, alternative Nobelpreisträgerin, Globalisierungskritikerin und Aktivistin. Außerdem habe ich Johannes Krause, den Direktor des Max-Planck-Instituts für Menschheitsgeschichte in Jena, eingeladen. Als Archäogenetiker erforscht er, wie sich die europäische Bevölkerung im Kontext der Migration genetisch verändert hat. Das ist total spannend und im Grunde die Antwort der Naturwissenschaft auf Thilo Sarrazin – und zwar mit den knochentrockenen Fakten. Mir kommt es so vor, dass im Kontext der Klimadiskussion ein Paradigmenwechsel stattfindet. Dass nicht mehr die Sozial- und Gesellschaftswissenschaften Antworten geben, sondern mehr und mehr die Naturwissenschaften gefragt sind.

Ein Theaterfestival steht und fällt mit seinen Produktionen, internationalen Gastspielen und Rednern, die europa- und weltweit eingeflogen werden: Was würden Sie Kritikern antworten, die Sie wegen des ökologischen Fußabdrucks der Lessingtage angreifen?
Theater an sich ist Umweltverschmutzung. Menschsein übrigens auch. Wir haben

Dystopie im schmelzenden Eis: die belgische Inszenierung „Arctic", Gast der Lessingtage 2020

einen hohen Energieverbrauch und wenig Nachhaltigkeit. Wir überlegen aber stets, wie wir Klimaschutz im Arbeitsalltag besser umsetzen können. Gibt es eine Möglichkeit, mit weniger Containern zu fahren oder zumindest innerhalb von Europa mit dem Zug zu fahren, statt zu fliegen? Es ist wirklich schwierig, denn Kultur und Kunst will und muss, finde ich, international sein. Wenn wir nur noch lokal denken und uns ausschließlich in unserer eigenen Provinz formulieren, dann ist das desaströs.

Theater ist für Sie also auch ein Statement für Vielfalt?

Die Welt der Nationalstaaten hat große Verdienste geleistet. Das war eine große emanzipatorische Bewegung, und ich finde es auch völlig falsch, nicht von Nationaltheatern zu sprechen. Aber wir sind über das Nationale hinaus, wir sind global, wir sind international. Wir wollen tolerant sein gegenüber den vielen verschiedenen. Das ist keine großzügige Geste, im Gegenteil, jede Begegnung ist eine Bereicherung für uns, ein großes Geschenk. Das ist natürlich ein Ideal, aber aus diesem Impuls kommen ja die Lessingtage, die ich 2007 ins Leben gerufen habe.

Wie reagiert Ihr Publikum auf diese Setzungen?

Mein Gefühl ist, dass wir in einer Zeit leben, in der vom Staatstheater mehr als reine Unterhaltung erwartet wird. Ich erlebe, dass es bei den Menschen einen relativ starken Hunger gibt, sich mit Dingen auseinanderzusetzen, sie zu verhandeln und sich auch von einem Theaterbesuch anregen zu lassen. Die Klimakrise ist eine Variante der Migrations- und Flüchtlingsfrage, bei der globale Themen, vor denen wir uns nicht drücken können, auf uns zukommen, Themen, die oft als Bedrohung erlebt werden, die aber eigentlich eine Einladung sind, die Welt zu gestalten.

Aber Sie müssen natürlich auch versuchen, Ihr eher bildungsbürgerliches Publikum zu pflegen. Wie schaffen Sie es, die Waage zu halten?

Theater ist keine Ideologiemaschine, sondern ein Ort, an dem man sich auseinandersetzen kann. Man darf auch die komplett gegenteilige Meinung haben, und wir sind deswegen nicht böse. Das ist unsere Chance. Sobald wir ein Ideologieinstitut wären, hätten wir auch beim Bildungsbürgertum keine Chance.

Das Gespräch führte Katrin Ullmann.

Frohe Festtage

… für Kinder

1

*Annet Schaap: **„Emilia und der Junge aus dem Meer“**, aus dem Niederländischen von Eva Schweikart, ab zehn Jahren, Thienemann, Stuttgart, 2019, 400 Seiten, 15 Euro*

Magischer Mehrwert

Ein ausgezeichneter Kinderroman, der meeresbegeisterte Leser fesseln wird. Annet Schaap, eigentlich Illustratorin, hat ein tolles, dickes Kinderbuchdebüt hingelegt. Begleitet von intensiven Schwarz-Weiß-Zeichnungen von Karin Lindermann, lässt sie viel Zeit und Raum, um in die magische Erzählung, die sich um die Tochter eines Leichtturmwärters spinnt, ein- und abzutauchen. *ae*

2

*Britta Teckentrup: **„Fische, Fische überall“**, aus dem Englischen von Angelika Leik, ab sechs Jahren, Prestel, München, 2019, 32 Seiten, 20 Euro*

Glänzende Fischkunde

Schon das Cover macht Lust auf Meer. Die Fische darauf kann man ertasten, und glitzerndes Silber lässt den Schwarm leuchten, als scheine die Sonne auf das Meer. Im Inneren geht es sachlicher zu: Fundierte Informationen zu Knochen- und Knorpelfischen finden sich ebenso wie detaillierte Darstellungen von bekannten und unbekannteren Fischarten. Wie gehen Fische auf Nahrungssuche, welche Überlebenstricks haben kleinere Fische? Erklärter Favorit der Künstlerin Britta Teckentrup ist nach eigener Aussage der Mondfisch. Er kann bis zu drei Meter lang und um die 100 Jahre alt werden. *ae*

3

*Mark Janssen: **„Ich bin eine Insel“**, aus dem Niederländischen von Eva Schweikart, ab vier Jahren, Sauerländer, Frankfurt am Main, 2019, 32 Seiten, 14,99 Euro*

Die Schildkröteninsel

Das Bilderbuch des niederländischen Autors und Illustrators erzählt in intensiven Farben von Sophie, ihrem Papa und dem Hund und ihren Erlebnissen auf einer geheimnisvollen Insel. Ungewöhnlich dabei ist die Perspektive. Eine Meeresschildkröte erzählt, ihr harter Panzer ist das rettende Eiland. Während die beiden sich von einem Sturm erholen, beschützt sie das Meerestier, und für den Betrachter gibt es gleichzeitig eine faszinierende Welt unter Wasser zu sehen. *ae*

4

*Piotr Karski: **„Meer! – Das Wissens- und Mitmachbuch“**, aus dem Polnischen von Marlena Breuer, ab acht Jahren, Moritz, Frankfurt am Main, 2019, 224 Seiten, 19 Euro*

Meereskunde für Kreative

Ein geniales Mitmachbuch, perfekt, um Kinder und Eltern (hoffentlich) einen ganzen Urlaub zu beschäftigen. Es lässt viel Platz zum Selbstmalen von Schiffen, Wellen, Meerestieren, man lernt Seemannsknoten und die Namen von Wolkenformationen, spürt den Farben des Meeres nach und der Weltumsegelung von Magellan. Jede der 224 Seiten hält eine neue kreative Überraschung parat – fast wie ein Adventskalender für die nächsten Sommerferien. *ae*

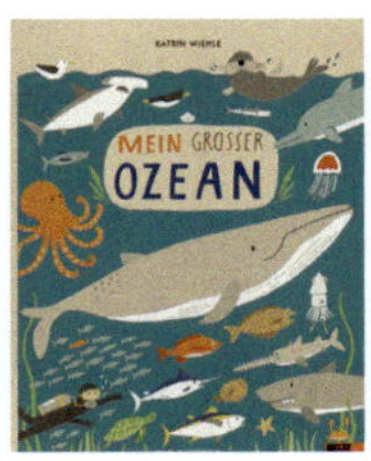

5

*Kathrin Wiehle: **„Mein großer Ozean“**, ab drei Jahren, Beltz & Gelberg, Weinheim, 2019, 16 Seiten, 13,95 Euro*

Extragroße Bilder

Ein Sachpappbilderbuch für ganz junge Meeresfans und umweltbewusste Eltern: Das großformatige und großartige Werk ist zu 100 Prozent aus Recyclingpapier und mit Ökofarben gedruckt. Auf sieben Doppelseiten widmet sich Illustratorin Kathrin Wiehle der Vielfalt des Meeres mit stilsicherem Strich: verschiedene Fischarten, die Lebensräume Küste, Algenwald und Tiefsee als liebenswerte, riesige Schaubilder, an denen man sich nicht sattsehen kann. *ae*

6

*Leo Timmers: **„Tiefseedoktor Theodor“**, aus dem Niederländischen von Rolf Erdorf, ab vier Jahren, Schaltzeit, Berlin, 2019, 40 Seiten, 15 Euro*

Humor zur Genesung

Eine Unterwassergeschichte mit einer überaus sympathischen Hauptfigur: Tiefseedoktor Theodor hat nicht nur, wie das Cover zeigt, einen Verband für jeden Tintenfischarm parat, er kuriert auch die Sehschwächen von Seepferdchen, befreit den Hai von höllischen Zahnschmerzen und hat zudem für alle seelischen Wehwehchen unter Wasser ein offenes Ohr. Da versteht es sich natürlich von selbst, dass alle Meeresbewohner zu Hilfe kommen, als er mit seinem medizinisch fantastisch ausgerüsteten Unterseeboot in Gefahr gerät. Und so lernen kleine Leser auf äußerst heitere und humorvolle Weise, wie wichtig Freunde auch oberhalb des Meeresspiegels sind. *ae*

Geschenkempfehlungen von **mare**

… und für Erwachsene

7

*Jochen Raiß: **„Eisbären“**, Hatje Cantz, Berlin, 2019, 112 Seiten, 16 Euro*

Bitte lächeln!

Die Sammelleidenschaft des Hamburgers Jochen Raiß hat eine seltsame Anwandlung der Deutschen offenbart. Zwischen 1920 und 1960 ließ man sich offenbar gern mit Artgenossen im Eisbärenkostüm fotografieren. Warum, wird nicht geklärt in diesem kleinen Buch der Amateurfotografie. Aber vielleicht macht es gerade deswegen Spaß, ganz zweckfrei darin zu blättern. Auch wenn die lustig-naiven Bilder unserer ökopolitisch unbelasteten Vorfahren einen angesichts des Schicksals der echten Bären fast ein wenig melancholisch stimmen. *mw*

8

*Andreas Tjernshaugen: **„Von Walen und Menschen“**, aus dem Norwegischen von Martin Bayer, Residenz, Salzburg, 2019, 256 Seiten, 22 Euro*

Unser Ein und Alles

Der norwegische Autor, der seinen ersten Bestseller dem „Verborgenen Leben der Meisen“ widmete, hat sich nun den Riesen der Ozeane zugewandt und ihren Weg durch Weltmeere und Weltgeschichte akribisch verfolgt. Was sein Buch von anderen Walwälzern unterscheidet, ist die gelungene Verbindung von historischen und naturwissenschaftlichen Erzählungen und sein kühles Plädoyer, warum wir etwas für den Fortbestand der Wale tun müssen, falls uns an unserem eigenen Fortbestand gelegen sein sollte. *ht*

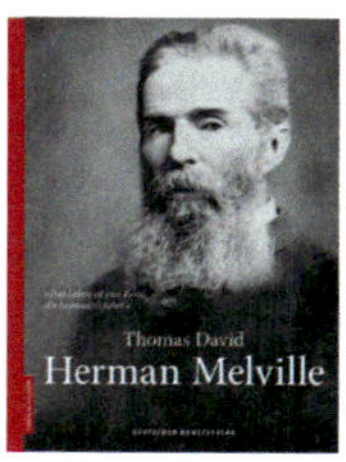

9

*Thomas David: **„Herman Melville“**, Deutscher Kunstverlag, Berlin, 2019, 96 Seiten, 22 Euro*

Melville in Nahaufnahme

„Das Leben ist eine Reise, die heimwärts führt“, resümierte Herman Melville gegen Ende seines Lebens. Der Kulturjournalist Thomas David ist ihm auf dieser Reise vom Manhattan seiner Kindheit über die Seemannsjahre auf Walfängern und Kriegsschiffen bis zur Rückkehr aus der Südsee in die Einsamkeit seiner Schreibkajüte aufmerksam gefolgt und hat in diesem vorzüglich gestalteten Band eine Fülle von historischen Dokumenten, Drucken und Fotografien versammelt. Ein Lesefest zum 200. Geburtstag des „größten amerikanischen Romanciers“, als den ihn kein Geringerer als William Faulkner feierte. *mw*

10

*Manfred Hammes: **„Durch den Süden Frankreichs“**, Nimbus, Wädenswil, 2019, 704 Seiten, 32 Euro*

Kleine Genussgeschichten

Klassische Reiseführer haben es schwer im Zeitalter des Internets, wo man sich die besten Empfehlungen zu den entlegensten Orten aus allerlei Blogs und Portalen pflücken kann. Gäbe es allerdings für die ganze Welt so charmant untertitelte „Reiseverführer“, das Genre müsste sich keine Sorgen machen. In gewaltiger Fülle versammelt Frankreichkenner Hammes Wissenswertes und Abseitiges aus Kunst, Literatur und Kulinarik. Launig geschrieben und jede einzelne Episode in ihrer Kürze so wohldosiert, dass man sie selbst unter südlicher Sonneneinstrahlung leicht verarbeiten kann. *mw*

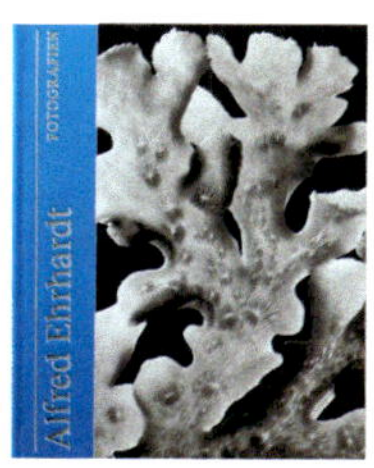

11

*Alfred Ehrhardt: **„Fotografien“**, Alfred-Ehrhardt-Stiftung, Berlin, 2019, 232 Seiten, 39,80 Euro*

Korallen und Kontraste

Im Jahr 1928 wird Alfred Ehrhardt (1901–1984) Hilfslehrer für Materialstudien am Dessauer Bauhaus – ein Aufenthalt, der den damaligen Kunsterzieher nachhaltig prägen wird. Zur Essenz, gleichsam zum Material der Natur vorzudringen wird auch der Antrieb seiner Fotografie. Er durchstreift das Watt, nimmt die Dünen der Kurischen Nehrung ins Visier, betrachtet mit der Kamera Muscheln und Korallen und lässt dabei eine Abstraktion der Objekte entstehen, die selten so schön in Buchform gebracht wurde wie in diesem von der Alfred-Ehrhardt-Stiftung neu herausgegebenen Band. *mw*

12

*Caroline Eden: **„Schwarzes Meer. Ein Reise- und Kochbuch“**, Prestel, München, 2019, 280 Seiten, 30 Euro*

Darauf einen Doppelten

Allein das Ansinnen muss gewürdigt werden: dem Schwarzen Meer und seinen Anrainerländern ein Kochbuch zu widmen und Hobbykochkünstlern zu vermitteln, dass es östlich von Paella und Pasta kulinarisch viel zu entdecken gibt. Fischsuppe, wie man sie in Istanbul kocht etwa, von Nikolai Gogol inspirierte Pilzmarinade oder den Potemkin-Cocktail, der selbstredend mit einer ordentlichen Menge Wodka angerührt wird. *mw*

Owen Chase:
„Tage des Grauens und der Verzweiflung“,
aus dem Amerikanischen von Michael Klein, Morio, Heidelberg, 2019, 208 Seiten, 20 Euro

Tier und Mensch im Überlebenskampf

Melville höchstselbst hat sich von diesem Buch inspirieren lassen: der finstere Bericht vom Untergang eines 1820 havarierten Walfängers

ES GIBT ZWEI BÜCHER ÜBER DEN Kampf des Menschen mit dem Meerestier, die Weltruhm erlangten: Melvilles „Moby-Dick“ und Hemingways „Der alte Mann und das Meer“. Was die literarischen Jäger verbindet, ist der Respekt vor ihrem Opfer. Sowohl Hemingways Fischer als auch Melvilles Walfänger entwickeln eine leidenschaftliche persönliche Beziehung zur gejagten Kreatur, in der Liebe und Hass nah beieinander liegen.

Das Buch von den „Tagen des Grauens und der Verzweiflung“, von dem Melville zugab, dass es ihn maßgeblich beeinflusst hat, ist der Bericht des Steuermanns Owen Chase über den Untergang des Walfängers „Essex“, der 1821 in New York erschien und für einige Aufregung sorgte. Chase erzählt eine Geschichte, die man bis dahin gern als Seemannsgarn übermüdeter Waljäger abgetan hatte, weshalb der Autor vorsichtshalber schon im Vorwort darauf hinweist, dass „die in diesem schmalen Band geschilderten Tatsachen“ gar nicht so absonderlich seien, „dass es großer Leichtgläubigkeit bedarf, ihre Wahrheit anzuerkennen“.

Der Seefahrer Chase erweist sich als geschickter Autor eines spannenden Tatsachenberichts. Er unterstreicht die Authentizität seiner Schilderungen im Stil Lovecrafts und Poes mit Einleitungen, die ein Beiseitelegen des Buchs unwahrscheinlich machen, und schreibt: „Obwohl seither beträchtliche Zeit ins Land gegangen ist, bin ich noch immer nicht in der Lage, mir jene Szenen, die jetzt Gegenstand der Beschreibung werden, vor Augen zu führen, [...] ohne Grauen zu empfinden.“ Das seinerzeit schwer Glaubwürdige an der Geschichte ist die Verwandlung des Wals vom seelenlosen Tier in einen ebenbürtigen Gegner des Menschen. Der Wal, seit Jahrhunderten auf der Flucht vor dem Menschen, dreht plötzlich um und geht zum Angriff über. Chase sieht, „wie er direkt auf uns zukam, mit der doppelten seiner üblichen Geschwindigkeit und – dieser Eindruck drängte sich mir in diesem Moment auf – mit zehnfacher Wut und Rachewillen in seiner Erscheinung“. Zweimal rammt der Fisch seinen mächtigen Schädel in den Bug des Schiffs, das innerhalb weniger Minuten sinkt.

Anders als seine berühmten Schriftstellerkollegen, die den Kampf zwischen Mensch und Tier beschreiben, schildert Chase danach viele Seiten lang das, was ihn auf seiner Reise am meisten beeindruckt hat: das Schicksal der 20 Schiffbrüchigen, die in drei kleinen Holzbooten ein 1000 Meilen entferntes Ufer erreichen wollen. Es ist die bis heute zwischen den Zeilen spürbare Angst in den niedergeschriebenen Worten des Ersten Steuermanns, die dem Bericht vom Schicksal der „Essex“ seine Glaubwürdigkeit verleiht. Die „Tage des Grauens und der Verzweiflung“ sind unromantische und schonungslose Schilderung eines Überlebenskampfs und einer Irrfahrt, die 96 Tage dauert. Während derer die Mannschaft durstend und ausgehungert selbst zur elenden Kreatur verkümmert, bis am 18. Februar einer von fünf noch Lebenden plötzlich ruft: „Da ist ein Segel!“

Das von Michael Klein ins Deutsche übersetzte und liebevoll editierte Buch sollte in keiner maritimen Bibliothek fehlen.

Hans W. Korfmann

Ruth Erat:
„Im Meer treibt die Welt“,
Waldgut, Frauenfeld, 2019, 168 Seiten, 26 Euro

Meer der Fragen

Ein philosophischer Exkurs mit horizontalem Weitblick

„MEIN BUCH SOLL DIE LESER BEUNruhigen und ein wenig verwirren“, resümiert die Schweizer Autorin Ruth Erat ihre Erzählung „Im Meer treibt die Welt“. Das Wasser hat in dieser Literatur existenziellen Charakter. Es kennt keine Grenzen, genauso, wie Protagonist Moritz Wandeler mit seinen Fragen an das Leben Grenzen überschreitet. Denn bei seiner Sinnsuche in Kindheitserinnerungen oder am spätherbstlichen Mittelmeer, in einem etwas heruntergekommenen Hotel in der Grenzstadt Menton, stellt er fest, dass die drängenden Fragen an das Leben oft ohne Antworten bleiben müssen.

Ein Meer voller Fragezeichen skizziert die Arboner Autorin und promovierte Philosophin in ihrem vierten Buch. Ihr gelingt dabei ein Stück Literatur, das nicht nur von der Brüchigkeit des medial überfluteten, nicht zu bewältigenden Lebens des Anlageberaters berichtet, der sich mehr und mehr „wie an den Rand gespült“ fühlt, sondern auch davon, dass es Ordnung womöglich gar nicht gibt. Die Sehnsucht nach einem geregelten Dasein erkennt Wandeler immer mehr als lächerlich.

„Im Meer treibt die Welt“, doch womöglich gibt das Meer auch Antworten, wenn man es lange genug betrachtet, wenn man lange genug versucht, sein Wesen zu erfassen. So könnte ein hoffnungsfroher Leser dieses Werk deuten, in dem auch die Trägerin eines gelben Mantels eine gewisse Rolle spielt, die Wandeler am Meer sieht. Wie begegnet man dem Verlorensein? Womöglich darin, sagt uns dieses Buch: indem man erkennt, dass alles Rätsel bleiben muss.

Marc Peschke

An dieser Stelle berichtet mare regelmäßig über neue Bücher aus seinem aktuellen Verlagsprogramm

Der Kanal in seiner Unberechenbarkeit

Der Protagonist ihres Romans wagt sich schwimmend durch den Ärmelkanal. Ulrike Draesner über eine inspirierende Reise nach Dover

ALS ICH IM SOMMER 2017 IN DOVER und Umgebung für meinen Roman „Kanalschwimmer“ recherchierte, staunte ich. Konnte das britische Wetter wirklich so sehr britisches Wetter sein? Ich war den steilen Weg zwischen den Kreidewänden hinuntergeklettert, ging am Strand entlang. Die Sonne schien. Nach einer halben Stunde kam mir ein älteres Ehepaar entgegen. Es warnte mich: die Flut. Ich schwitzte, ging weiter. Unverhofft lag ein einsamer Mann im Kies vor mir, nackt. „Nudistenstrand“, sagte er. Er hatte Sonnencreme, ich nicht. Dennoch wollte ich mich nicht weiter ausziehen.

Zurück in meinem B & B auf den Klippen mit Kanalblick seitlich aus dem schmalsten Fenster, fror ich. Heftigster Wind, von den Briten „Luft“ genannt, rüttelte an den britischen, sprich, sich nur lose überlappenden Scheiben. Es schneite! Zumindest nach meinem Gefühl. Klatschnasse Möwen, von Wind zu Kugelformen gestaucht, wirbelten am Fenster vorbei. Englischer Sommer. Die Heizung war kalt, ebenso der Kamin. Vor mir saß ein englischer Pilot, sprich der Führer eines der Schiffchen, die Kanalschwimmer bei ihrer Überquerung begleiten. Der Mann, lang und hager, Mitte vierzig, wickelte die dünnen Finger um eine Tasse Tee. Sofort tat ich es ihm gleich. Ah, sagte er, ich würde den Kanal nun also kennenlernen, seine Unberechenbarkeit.

Das Boot weist dem Schwimmer den Weg. Man wird gefüttert, ermuntert, gerettet. Dem Piloten fällt die Aufgabe zu, dich aus dem Wasser zu ziehen, bevor du ertrinkst. 17 Grad warm, zehn oder 15 oder 20 Stunden. Ich leugnete, mich jemals für Frankreich interessiert zu haben. Ich liebte Dover und mehr noch Dovers Wetter. Der Kanal war verschwunden! Nur deshalb hatte der Pilot Zeit für mich. Die für den Nachmittag geplante Überquerung fiel dank des Nebels aus. Der Mann, Fischer im Hauptberuf, über 100 Schwimmerinnen und Schwimmer bereits über den Kanal gebracht, erzählte munter. Jede Überquerung sei anders, das Wetter, die Gezeiten, Überraschungen und Zusammenstöße. Etwa in Zone Z, der Mitte des Kanals, in die englische und französische Räumschiffe den Müll schoben. Dazu der Verkehr, die Quallen, die Kälte, die Nacht. Er zückte sein Handy, bald saßen Schwimmer mit am Tisch, wir waren nicht mehr nur am Meer, wir waren darin.

Die ganze Nacht hindurch rüttelte der Wind an meinem Fenster, im Traum schoss ich als Möwenkugel dahin. Am Morgen strahlte die Sonne. Das Haus aus dem Jahr 1642 warf lange Schatten, hochstängelige Pflanzen, deren Namen niemand kannte, lagen flach am Boden. Eine Schwimmerin fuhr mich an Dovers Marina. Am westlichen Pier wurden Pflöcke in den Seeboden gerammt. Mit einer Gruppe von Schwimmern stakte ich ins Wasser. Aber nur bis zum Knie. Ich zitterte, sie lachten. Sehr stolz, sehr gekämmt, schritten die Möwen zwischen unseren Taschen umher. Sie fressen Brote und Sonnencreme. Dann, beim Frühstück, wurde es gesponnen: das Seemannsgarn.

Ulrike Draesner:
„Kanalschwimmer“,
176 Seiten, 20 Euro

Warum man schwimmt? „You know …“ Eine Krise, meist, sagten sie. Der 60-jährige kleine Australier, der zum 13. Mal da war – bislang hatte er jeden Swim nach vier Stunden abgebrochen –, sah mich an. Listig? Vielgewandert? Ein später Odysseus? Er lachte. Eine Liebes-Hass-Beziehung? „It's complicated.“ Da saßen sie in ihren Speckmäntelchen, angefressen gegen die Kälte, und frühstückten. Fröhlich! Man blickt einen Menschen von außen an und weiß nichts – nichts von seinen Träumen, Krisen, ihren Lösungen, der Erlösung. „Kennst du Freda?“, fragte mich Mann 13. Ich glaube zumindest, dass sie so hieß. Denn das Meer ist das Meer. An ihm ist das Leben größer als wahr. Freda lebte in Dover und verbrachte jeden Sommer am Strand, wo sie Schwimmer trainierte, Cremes verkaufte, Decken verlieh. Die Seebrise hatte ihr die Lippen weggefressen. Doch nun waren die Lippen wieder da, aus Silikon. Und mit ihnen Freda, die Mutter aller Schwimmer, ein geschlechtsloses, weises Wesen in Filz, mit einem cup o' tea in der Hand.

Manchmal werde ich gefragt, wie man für einen Roman recherchiert. Vieles kann man im Netz nachlesen und sehen. Das reicht nicht. Diesmal war es so: Freda kam an diesem Morgen nicht. Aber als ich sie mir vorstellte, konnte ich ihn anfangen, meinen Meerroman.

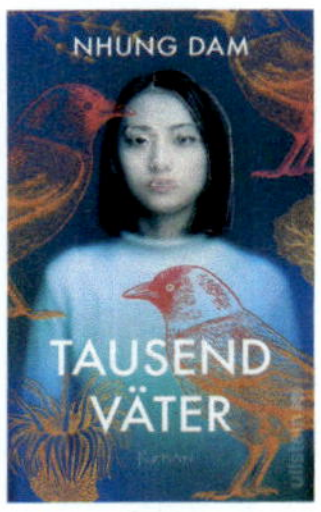

Nhung Dam:
„Tausend Väter“,
aus dem Niederländischen
von Bettina Bach
und Christiane Kuby,
Ullstein, Berlin, 2019,
400 Seiten, 20 Euro

Tauchen als Chance

Ein modernes Märchen vor realistisch-düsterem Hintergrund

EIN JUNGES MÄDCHEN LANDET ALS Tochter vietnamesischer Bootsflüchtlinge in Holland. Kaum angekommen, ist der Vater schon wieder verschwunden. Alleingelassen mit einer Mutter, die nicht lesen kann, muss sich die Elfjährige allein unter den neuen Menschen zurechtfinden, die ihr so kalt erscheinen wie der eisige Ort.

Man könnte „Tausend Väter“ als klassische Migrantengeschichte lesen, in der einheimische Jungs einem vietnamesischen Mädchen „China China“ hinterherrufen. Oder auch als autobiografischen Coming-of-age-Roman: Immerhin ist die Autorin 1984 selbst als Tochter von Bootsflüchtlingen in Groningen geboren. Doch dafür kommt der Roman viel zu aberwitzig und traumhaft daher. Im Grunde hat Nhung Dam ein modernes Märchen geschrieben, das seine Leser in die innere Welt der Heldin entführt. Während sich die realen Wellen am Deich brechen, flüchtet sich das Flüchtlingsmädchen auf den Meeresgrund, umschlungen von Algen und unfähig aufzutauchen. Was soll eine Tochter auch tun, der der eigene Vater schreibt „Ich komme nicht mehr zurück. Hier habe ich eine Frau, die ein Kind bekommt. Ich brauche einen Jungen. Einen Sohn, damit meine Familie nicht ausstirbt“ – und deren hilflose Mutter in Angst vor der Mafia lebt, die bei ihr die Spielschulden ihrer Schwester eintreiben will. Düster ist die Welt des Flüchtlingsmädchens Nhung, mit rassistischen Lehrern und falschen Freunden, man muss sich auf die fantastischen Tauchgänge des Mädchens einlassen, um mit der Lektüre nicht zu stranden. Doch das lohnt sich.

Roland Brockmann

Wu Tsang:
„There Is* No *Nonviolent Way To Look At Somebody“,
Martin-Gropius-Bau, Berlin,
bis 12. Januar 2020,
Mittwoch bis Montag 10 bis19 Uhr

Konzeptkunst mit Tiefgang

In einer beeindruckenden Videoinstallation beschäftigt sich die Künstlerin Wu Tsang mit der Metaebene des Flüchtlingsdramas

GRENZEN UND IHRE ÜBERWINDUNG durchziehen Leben und Werk der amerikanischen Filmemacherin und Performancekünstlerin Wu Tsang: 1982 in Worcester, Massachusetts, als Sohn eines Chinesen und einer Amerikanerin schwedischer Herkunft geboren, identifiziert sie sich als „transfeminin“ und lebt als hochmobile Weltbürgerin in Zürich, wo sie am Schauspielhaus Regie führt. Ihr jüngstes Videokunstwerk, die knapp dreiviertelstündige Zweikanalprojektion „One Emerging From A Point Of View“, ist ebenfalls auf vielfache Weise mit dem Thema verbunden.

Das beginnt beim Schauplatz. Die ägäische Insel Lesbos ist ein Brennpunkt der Flüchtlingskrise, und die eindrücklichen Statements der Bewohner zeigen, wie sehr auch sie an ihre eigenen Grenzen gegangen sind, um zu tun, was getan werden kann. Es sind gerade die einfachen Menschen, die mit ihren kargen Worten Weisheiten aussprechen, und manchmal bedarf es gar keiner Worte, die Handlung spricht für sich: Menschen, denen Wind und Wetter nichts anhaben können, ziehen am Strand bei nächtlichem Gewitter gemeinsam ein schweres Tau.

Auf mehrfache Weise befindet sich auch eine der beiden Protagonistinnen zwischen den Welten: Transfrau Yassmine Flowers kam aus Marokko über die Türkei in das Lager Moria, das in vielen übereinstimmenden Berichten als „Hölle“ beschrieben wird. Wu Tsang hat versucht, Yassmine Flowers nicht über ihr Trauma zu definieren, sondern gemeinsam mit ihr eine alternative persönliche Erzählung zu entwickeln und in starken Bildern umzusetzen. Diese handelt von einer jungen Frau, die zur Hexe wird, einer Ziege das Leben rettet und schließlich von einem ihr übel nachstellenden König vergiftet wird. Sie erlebt eine Auferstehung und entschließt sich aufgrund ihrer schlechten Erfahrungen mit der menschlichen Spezies, bis auf Weiteres als fabelhaftes Unterwasserwesen weiterzuleben.

Geschickt damit verwoben wird Stratis Myrivilis' poetischer Text aus dem Jahr 1949, „Die Madonna mit dem Fischleib“, der eine Insel beschwört, deren „Berge ihren Weg an die Küste tanzen“, und von den Migrationsbewegungen der 1920er-Jahre erzählt. Vorgetragen wird er von der Fotojournalistin Eirini Vourloumis, die seit 2015 im Auftrag des „Wall Street Journal“ Leben und Überleben auf der Insel dokumentiert. Doch es fließen nicht nur verschiedene Erzählungen, Klänge, Sprachen und Zeitebenen ineinander. Durch die teilweise überlappende Zweikanalprojektion entstehen in einem nicht klar definierten dritten Raum einzigartige Bilder berührender Schönheit. Es ist genau dieser unbestimmte Ort, an dem die Künstlerin zu sich kommt und auffordert, gewohnte Codierungen kritisch zu hinterfragen und Raum für neue Konzepte zu schaffen.

Erstmals in Deutschland gezeigt wird diese beeindruckende Arbeit, deren Wirkung durch eine vier Meter hohe und elf Meter lange Leinwand noch verstärkt wird, im Rahmen von Wu Tsangs Ausstellung „There Is *No* Nonviolent Way To Look At Somebody“. Sie beinhaltet weitere Videokunstwerke und eine speziell für diese Ausstellung gefertigte Farbglasarbeit und nimmt das halbe Obergeschoss des Berliner Gropiusbaus ein.

Gunnar Lützow

Sonderausstellung:
„Das Ende der Legende!? Störtebecker & Konsorten. Piraten der Hansezeit?“,
Europäisches Hansemuseum, Lübeck, bis19. April 2020, täglich 10 bis 18 Uhr,
www.stoertebekerundko.de

Nicht das Klischee mit Holzbein

Das Europäische Hansemuseum entzaubert Legenden um Freibeuter der Meere mit einer Ausstellung, die bis in die Gegenwart reicht

EINE BEKANNTE TERRORGRUPPE IN Südostasien schlägt wieder zu – „Drei Seeleute entführt“. Mit dieser Meldung vom Vortag eröffnete Felicia Sternfeld, Direktorin des Europäischen Hansemuseums, am 27. September die Ausstellung „Störtebeker & Konsorten“. Anders als der Titel nahelegt, befasst sie sich nicht nur mit der Seeräuberei auf Nord- und Ostsee im Spätmittelalter, sondern schlägt den Bogen in die Gegenwart.

Dass der Titel mit einem Fragezeichen versehen ist, weist schon auf ihre Besonderheiten hin. Unter Mitwirkung internationaler Forscher von der Historikerin Franziska Evers kuratiert, möchten die Ausstellungsmacher „nicht das Klischee vom Piraten mit Holzbein und Papagei auf der Schulter nacherzählen, sondern Überraschendes, Neues zutage fördern“. Dazu fragen sie, ob man im Mittelalter überhaupt von Seeräuberei sprach und worin die Gemeinsamkeiten zu heutigen Angriffen auf Handelsschiffe liegen.

„Früher war jeder freie Mann bewaffnet und erst recht alle Seeleute“, erklärt Gregor Rohmann, wissenschaftlicher Berater der Ausstellung. Schließlich gab es noch kein staatliches Gewaltmonopol. Das heißt aber nicht, dass auf dem Meer permanent gekämpft wurde. „Oft lief es erstaunlich unblutig ab“, so der Historiker. „Wenn sich beispielsweise zehn Seeleute 50 bewaffneten Angreifern gegenübersahen, reichte schon die Androhung von Gewalt.“ Dann blieb der Besatzung nichts anderes übrig, als die Waren verloren zu geben. Sturm und Schiffbruch seien damals viel größere Gefahren für Leib und Leben gewesen als das Risiko, Opfer von Gewalt zu werden.

Zu den Exponaten in Lübeck gehören die Waffen der damaligen Zeit – Dolch, Schwert, Kanone – ebenso wie ein Kettenhemd, die roten Samtpantoffeln, die Störtebeker einmal zugeschrieben wurden, sowie wertvolle Schriftstücke. Auf Originalexponate ist die Kuratorin besonders stolz, zum Beispiel auf das Hamburger Seeräuberprivileg aus dem 14. Jahrhundert. Um die Zeit im Mittelalter lebendig werden zu lassen, präsentiert die Ausstellung 16 „Fallgeschichten“ – historische Biografien von „Konsorten“ wie dem Entdecker und Kaperfahrer Hans Pothorst, dem Fehdehelfer Bartholomäus Voet oder der Adeligen Margareta Dume aus Mecklenburg-Vorpommern, die „Gewaltunternehmer“ auf See beauftragte. So nennen Historiker Akteure wie den historisch verbrieften Danziger Kapitän Johann Störtebeker, die man mit heutigen Securitydienstleistern vergleichen könnte.

Mit dem „Helden“ im Ausstellungstitel kehrt die Legende zudem an ihren Ursprungsort zurück, rund 500 Jahre nach der Entstehung. In einer im 15. Jahrhundert verfassten Chronik des Mönchs Hermann Korner, der im Burgkloster Lübeck lebte, wird der Name „Stortebeker“ erstmals genannt, zusammen mit „Wichmannus“ als Anführer der Vitalienbrüder.

Das Kloster gehört heute zum Europäischen Hansemuseum und beherbergt die Ausstellung im modern-puristischen Design. Mit Spielstationen für Kinder ab acht Jahren eignet sie sich besonders für Familien. Zum Rahmenprogramm gehören Filmvorführungen, Vorträge und Comicworkshops.

Monika Rößiger

Im Netz

www.moua.com.au

An vier Orten im Great Barrier Reef kann das MOUA, das Museum of Underwater Art vor der Küste von Townsville, Queensland, ertaucht werden. Jason deCaires Taylor, berühmt für seine Unterwasserskulpturen in Mexiko, hat in Australien seine Mission als Künstler fortgesetzt. Das MOUA ist nicht nur Touristenattraktion, sondern auch Arbeitgeber und Zentrum für Meereswissenschaften und maßgeblich an der globalen Forschung zur Wiederherstellung von Riffen beteiligt. Wer nicht so weit reisen möchte, kann bereits bei einem Besuch auf der Website des Museums einen faszinierenden Tauchgang wagen.

Wiebke Böse

Im Deckchair

Ein persönlicher Tipp von Nicole Steinhauser, Buchhalterin im mareverlag

„Travel Pals: Whale“,
Tegu, 19,99 Euro,
www.tegu.com

Als Mutter von Zwillingen ist man immer auf der Suche nach neuer Beschäftigung für den Nachwuchs – Spielzeug, das möglichst nicht aus Plastik sein sollte, nachhaltig, haptisch ansprechend, hübsch anzusehen und auch noch pädagogisch sinnvoll. Mindestens zwei dieser Grundsätze werfe ich regelmäßig über Bord, doch endlich bin ich auf ein Spielzeug gestoßen, das alle guten Eigenschaften mit sich bringt: die magnetischen Holzbausteine von Tegu – natürlich habe ich mich testweise für den Wal entschieden. Die Bausteine sind wahnsinnig schön verarbeitet, durch den Magnetismus können Türme neuen Ausmaßes errichtet werden, die abstoßende Wirkung der Pole aber auch zu Verzweiflung führen. Rundum durchdacht, mit vielen Erweiterungsmöglichkeiten, sodass das Spiel nicht langweilig wird. Wer neugierig geworden ist, sollte einmal auf der Website des Herstellers vorbeischauen.

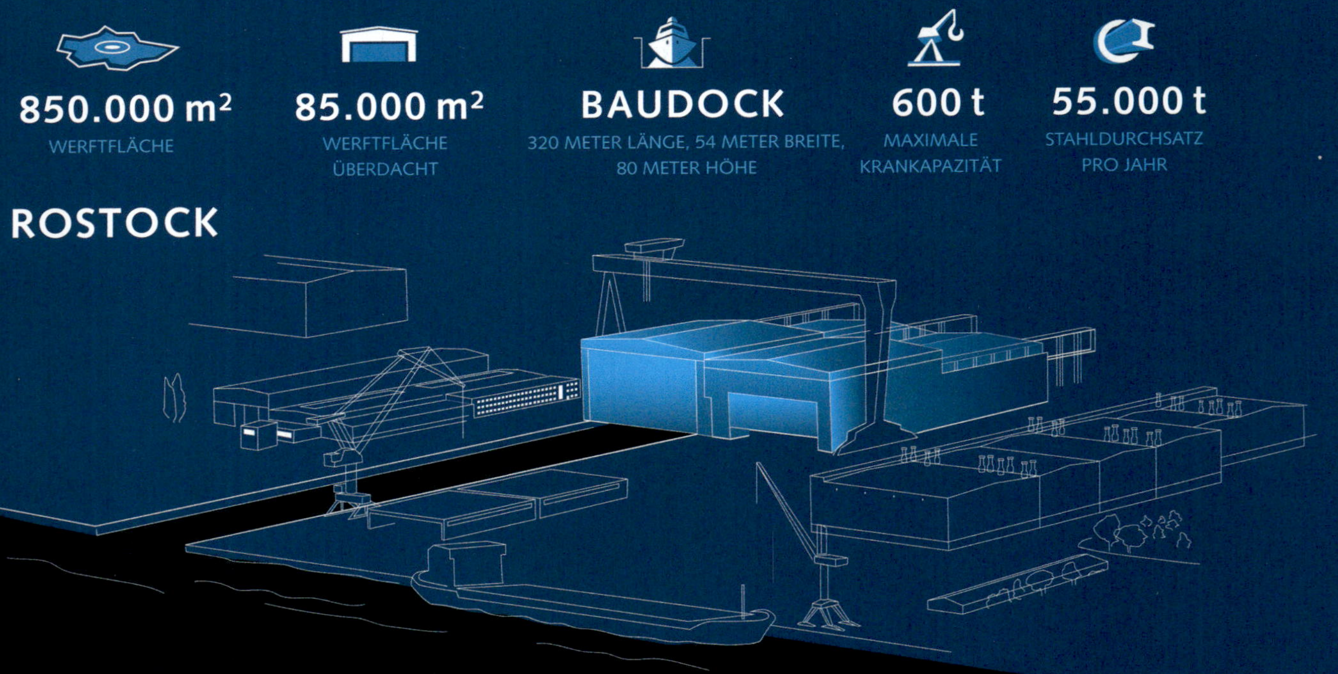

Ein fast vergessenes Gefühl

Die siechen Werften an der deutschen Ostsee schöpfen neue Hoffnung: Ein asiatischer Investor lässt dort die weltgrößten Kreuzfahrtschiffe bauen

Von Marlies Uken

JOHANNES GÖSSLER, EIN SCHNEIdiger Österreicher in Jeans und Jackett, setzt sich aufs gemachte Bett und drückt auf einem Display am Kopfende herum. Schon flackert die Lichtleiste an der Decke der Schiffskabine in den buntesten Farben. „Das hier ist der Partymodus, den mögen besonders die Asiaten", sagt der 40-Jährige und muss grinsen. Dann zeigt er auf eine kleine, weiße Box an der Decke, die einem Feuermelder ähnelt. „Und diesen Hochfrequenzsensor haben wir zusammen mit einer deutschen Firma entwickelt", schwärmt er. „Er erkennt mithilfe von Schallwellen minimalste Atembewegungen, also, ob jemand im Zimmer ist." Wenn jemand den Raum verlässt, dimmen sich Licht und Klimaanlage automatisch herunter – die klassische Hotelzimmerkarte hält Gößler für überholt.

Anderthalb Jahre hat er mit einem finnischen Architektenteam an der Optimierung der Kabine gearbeitet, 600 Zeichnungen erstellt, darunter Entwürfe in dunklem Rosenholz und mit geschnitzten Drachen. Am Ende entschied man sich für die international kompatiblen Farben Beige und Mokka (westliches Flair, beliebt bei Asiaten), die Lüftung sitzt nicht über dem Kopfende am Bett (Erkältungsgefahr), und die Ecken des Minibarschränkchens sind abgerundet (Feng-Shui).

17 solcher fast komplett möblierten Kabinen lässt Gößler inzwischen in einer Halle am Rand von Wismar bauen – täglich. Er ist einer der Geschäftsführer der Fertigmodule GmbH in Wismar. Gut 200 Mitarbeiter schrauben die Kabinen innerhalb weniger Stunden zusammen. Sie landen am Ende in einem der beeindruckendsten Schiffbauprojekte, das Deutschland je erlebt hat: in der „Global Dream". Es soll ein Kreuzfahrtschiff der Weltrekordklasse werden, gebaut von MV Werften an der Ostseeküste.

Ausgerechnet in Mecklenburg-Vorpommern lässt der Investor Genting Hong Kong das größte je in Deutschland produzierte Passagierschiff bauen. Theoretisch sollen eines Tages bis zu 9500 Gäste und 2500 Crewmitglieder auf der „Global Dream" Platz finden und in Gößlers Kabinen nächtigen. Wenn der gelernte Tischler über Nasszellendesign im Kabinenbau spricht und über Gabelstaplerprototypen, die er eigens für den Transport der Kabinen mitentwickelt hat, dann merkt man: Die Geschichte der „Global Dream" ist vor allem eine Geschichte über Euphorie – Euphorie in einer Ecke Deutschlands, die dies lange nicht mehr gespürt hat.

Seit der Wende haben die Werftenstandorte Wismar, Rostock und Stralsund vor allem erlebt, wie sie zum Spielball von Investoren wurden. Zu DDR-Zeiten wurden hier noch mehrere tausend Schiffe gebaut, nach der Wende kollabierte der Schiffbau wegen fehlender Konkurrenzfähigkeit. Investoren wie die Bremer Vulkan versprachen viel, zweigten dann aber doch nur Subventionen in Millionenhöhe ab. Ob Aker, Wadan, Nordic oder P+S

Werften: Immer wieder wechselte der Besitzer, immer wieder machten neue Geschäftsführer neue Hoffnungen – und enttäuschten am Ende. Bestes Beispiel war das Investment des russischen Investors Witali Jussufow, der 2010 groß in den Bau technisch anspruchsvoller Umspannplattformen für Offshorewindparks einsteigen wollte und auf den russischen Markt setzte. Am Ende aber scheiterte er an den Russland-Sanktionen der EU wegen des Ukraine-Konflikts und wollte verkaufen.

Auf der anderen Seite des Globus wollte Lim Kok Thay zu diesem Zeitpunkt sein Kreuzfahrtgeschäft im großen Stil ausbauen. Rund um das Jahr 2014 machte sich der Vorstandschef des malaysischen Konzerns Genting auf die Suche nach Werften für neue Kreuzfahrtschiffe. Genting ist einer dieser Konzerne, die auf einen Umsatz von mehr als einer Milliarde US-Dollar kommen, aber zumindest in Europa weitgehend unbekannt sind. Lim Kok Thay schafft es auf der Forbes-Liste der reichsten Malaysier auf Platz sieben, mit seinem Konzern investiert der Sohn chinesischer Auswanderer vor allem in die leichten Seiten des Lebens: Resorts, Casinos und Kreuzfahrtreedereien wie Star Cruises, Norwegian Cruise Line und Crystal Cruises. In Asien ist er *der* Marktpionier, nach Zahlen der Onlineplattform Cruise Market Watch der drittgrößte Kreuzfahrtanbieter weltweit.

Lim Kok Thay hatte damals nur ein Problem: Wer baut ihm die Schiffe? Weltweit gibt es nur drei Werften, die Kreuzfahrtschiffbau können: die deutsche Meyer Werft, Fincantieri in Italien und STX in Frankreich. Bei der Meyer Werft, wo Genting schon öfter Schiffe bestellt hatte, winkte man 2014 ab, erzählte Lim Kok Thay zwei Jahre später in einem Gespräch mit der „Straits Times". „Meyer hätte erst 2020 einen Slot für uns gehabt", sagt er und klingt angesichts des mehrjährigen Vorlaufs immer noch erstaunt. „Die Nachfrage nach Kreuzfahrten ist ja da, nur sind eben die Schiffe knapp."

Und so entschied sich Lim Kok Thay, selbst in den Schiffbau einzusteigen. Zuerst kaufte er 2015 die Lloyd Werft in Bremerhaven, ein Jahr später übernahm er für 230 Millionen Euro von dem Russen Jussufow die Nordic Yards in Wismar, Rostock und Warnemünde und nannte sie in MV Werften um. „MV Werften hat genau einen Kunden: Genting", so Lim Kok Thay. Er kündigte ein Milliardenprogramm an: vier Flusskreuzfahrtschiffe, eine Luxusexpeditionsyacht fürs Eismeer, außerdem die „Global Dream" und ein Schwesterschiff. Mehrere hundert Millionen Euro investierte Genting in einen neuen Kai, neue Laserschweißanlagen und Hallen. Warum das alles in Deutschland? „Kreuzfahrtschiffe ‚made in Germany' ziehen bei den Kundinnen und Kunden in Asien", sagt Gößler, „das ist dort ein Qualitätssiegel."

Auf den ersten Blick eine kuriose Melange: In der verschlafenen Unesco-Welterbestadt Wismar werden nun zwei der weltgrößten Kreuzfahrtschiffe gebaut. Allein die „Global Dream" ist so lang wie drei Fußballfelder. „Wer ein solches Schiff konzipiert, der baut eher eine kleine Stadt als ein Schiff", sagt Gößler, der jahrelang für die Meyer Werft gearbeitet hat. Ob Supermarkt, Badelandschaften, Fastfoodketten oder Luxusmarken: Der schwimmenden Kleinstadt wird es an nichts fehlen, zum ersten Mal soll es sogar eine

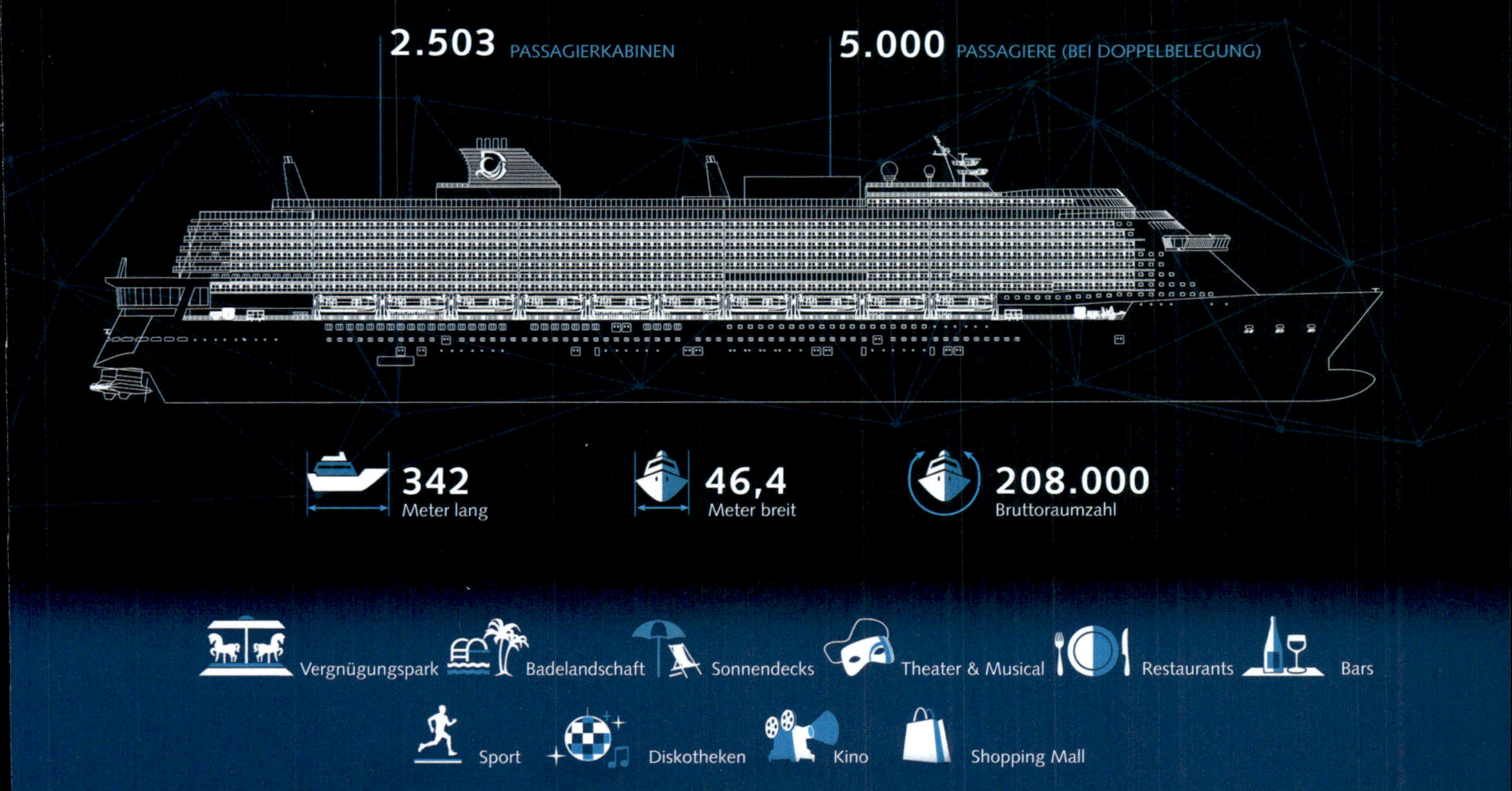

Achterbahn auf einem Kreuzfahrtschiff geben. Die Kapitäne werden aus Schweden kommen, weil es bislang noch zu wenige erfahrene Kreuzfahrtkapitäne aus Asien gibt. Schweden seien freundlich und vermittelten ein Gefühl der Sicherheit. „Das erwarten einfach viele asiatische Gäste", sagt Gößler.

Genting setzt vor allem auf die neue Kreuzfahrtbegeisterung in Asien – ob sie auch in Zukunft anhält, kann allerdings niemand verlässlich sagen. „Der asiatische Markt boomt. Gerade China ist vor drei Jahren bei fast Null gestartet und inzwischen unser wichtigster Markt", sagte Lim Kok Thay 2018 dem Finanz-TV Bloomberg.

Tatsächlich wuchs im vergangenen Jahr Asiens Kreuzfahrtmarkt laut Branchenverband Clia um 4,6 Prozent. Das mag wenig klingen, aber wenn man sich die absoluten Zahlen anschaut, dann gingen mehr als 4,2 Millionen Asiatinnen und Asiaten allein im vergangenen Jahr an Bord eines Kreuzfahrtschiffs. „Der Markt hätte noch stärker wachsen können, aber es gibt definitiv viel zu wenige Kreuzfahrtschiffe für die Nachfrage in Asien", sagt Alexis Papathanassis, Kreuzfahrtexperte an der Hochschule Bremerhaven. Lege man ein Wachstum von drei bis fünf Prozent jährlich zugrunde, dann hätten Fachleute überschlagen, dass in den kommenden zehn Jahren etwa 180 Kreuzfahrtschiffe weltweit in Betrieb genommen werden müssten, erzählt Gößler. Wenn aber der Bau eines Schiffes mindestens ein Jahr oder etwas länger dauert, dann wird klar: Diese Nachfrage können die drei Werften in Europa kurzfristig kaum bedienen. „Das ist Fluch und Segen zugleich", sagt Papathanassis, „zumindest braucht man sich im Kreuzfahrtsegment weniger Sorgen um Überkapazitäten zu machen als in der Containerschifffahrt."

Trotzdem war Mecklenburg-Vorpommerns CDU-Wirtschaftsminister Harry Glawe erst einmal skeptisch, als er 2015 von den Plänen der Malaysier in seinem Bundesland erfuhr. Zu oft hatten die Werften seit der Wende die Regierung in Schwerin in Krisen gestürzt: 1992 stolperte der erste Nachwendeministerpräsident über die Vulkan-Affäre, 1996 wurde wegen der Werftenkrise das Landeskabinett umgebildet, 2012 musste das Land rund 270 Millionen an Bürgschaften abschreiben, als die P+S-Werften in Wolgast und Stralsund Insolvenz anmelden mussten. „Auf so etwas hatte ich wirklich keine Lust", sagt Glawe.

Mit höflicher Zurückhaltung sah er sich damals die Genting-Pläne an. Die vier Flusskreuzfahrtschiffe und das Expeditionsschiff baute der Konzern ohne jede staatliche Beteiligung. „Das alles hat mich überzeugt, dass es diesmal anders läuft", sagt Glawe. Als Genting für den Bau der zwei Megaschiffe 2018 eine Bürgschaft anfragte, stimmte er zu: Das Land gewährt 375 Millionen Bürgschaft zur Bauzeitfinanzierung, der Bund steuerte den gleichen Betrag als Hermes-Garantie dazu. „Der Kreuzfahrtschiffbau ist eine Riesenchance für die Region", ist Glawe überzeugt, und „Genting hat bislang alle Versprechen umgesetzt". Vorsorge hat man in Schwerin trotzdem getroffen. Jeden Tag ist auf der Werft ein Sachverständiger der Landesregierung unterwegs, der nicht nur die Finanzen, sondern auch den Bau der Schiffe kontrolliert.

Die bisherigen Zahlen sind beeindruckend. In den vergangenen drei Jahren hat sich die Mitarbeiterzahl an den drei Werftstandorten von 1400 auf knapp 3000 Beschäftigte verdoppelt. 300 junge Menschen haben bislang ihre Ausbildung gemacht und wurden übernommen. Die Arbeitslosenquote der Region ist auf dem niedrigsten Stand seit der Wiedervereinigung. „Das Interesse an den neuen Arbeitsplätzen war sehr groß. Wir hatten mehr als 6000 Bewerbungen", sagt Peter Fetten, Geschäftsführer der MV Werften. „Es gibt eine tief verwurzelte Schiffbautradition in Mecklenburg-Vorpommern. Ohne sie wäre unser Erfolg sicher kaum möglich gewesen." Sorgen, dass Genting sich zurückzieht, sobald es nicht läuft, wischt er beiseite. Ziel sei es, wieder in die Serienfertigung einzusteigen. „Wir fangen gerade damit an. Für das zweite Kreuzfahrtschiff ‚Global 2' war im September Fertigungsstart."

Kabinenspezialist Gößler parkt auf seiner Tour durch Wismar seinen Wagen vor einem schlichten Klinkerbau. Hier, am Alten Holzhafen in Wismar, hat im Sommer 2019 das ungewöhnlichste Trainingszentrum für die Crew eröffnet: das „Park Inn by Radisson Wismar". Es ist Deutschlands erstes Werfthotel, denn die 98 Zimmer sind Schiffskabinen, wie sie in den kommenden Monaten auch auf der „Global Dream" verbaut werden sollen. Als MV Werften klar wurde, dass in Wismar die Zahl der Unterkünfte für Werftmitarbeiter, Architekten und Geschäftspartner knapp wird, entschied sich die Werft, selbst ein Hotel zu bauen. Mit dem willkommenen Nebeneffekt, dass hier die Crew Zimmerreinigung trainieren kann, schließlich wird an Bord mit nur sieben Minuten für eine Kabine kalkuliert. „Unsere Priorität bleibt das Schiff, aber der Bau von Kabinen für Projekte an Land könnte eines Tages auch ein Thema für uns sein", erzählt Gößler.

Selbst Betriebsratsvorsitzende Ines Scheel ist inzwischen überzeugt, dass den MV Werften nichts Besseres als Genting hätte passieren können. Scheel ist schon seit 1979 dabei, hat im DDR-Kombinat Schiffbau gelernt und schon jede Menge Geschäftsführer kommen und gehen sehen. Bei MV Werften sei es anders. Tarifgehälter würden ohnehin schon gezahlt, seit vergangenem Jahr zahle MV Werften aber nun auch volles Urlaubsgeld und Weihnachtsgeld.

Die neue Euphorie in seiner Stadt hat den Wismarer Bürgermeister Thomas Beyer bereits 350 Kilometer westlich, in die andere Ecke Norddeutschlands, gebracht. Eine Delegation der kleinen Hansestadt reiste Anfang des Jahres nach Papenburg im Emsland, um sich einen Eindruck von der Meyer Werft zu machen: Ob Emsvertiefung oder Brückenbau: Die Meyer Werft beeinflusst die gesamte Logistik und Zuliefererwirtschaft in der Region. „Der Besuch in Papenburg hat uns gezeigt: Wir haben noch einiges vor uns", sagt SPD-Mann Beyer. Allein die Kabinenfabrik von Gößler wird zu Hochzeiten von rund 40 Lkws angefahren werden. Mitarbeiter wollen parken, die Gewerbeflächen sind knapp, und noch mehr Kitaplätze sind schon in der Planung.

„Papenburg hatte fast 30 Jahre Zeit für seine Entwicklung, wir dagegen nur ein paar", sagt Beyer. Aber die Euphorie als Grundgefühl bleibt. „Die Entwicklung ist eine Chance für unsere Stadt", schwärmt Beyer. Immer mehr Wismarer, die früher in die alten Bundesländer gependelt seien, kehrten zurück, Häuser in der Altstadt würden liebevoll renoviert. „Für die Seele dieser Stadt ist das großartig", sagt Beyer. „Ich weiß gar nicht, welchen Superlativ ich nehmen soll." Dass es so geschmeidig läuft, liegt auch an der fast widerstandslosen Bereitschaft, Genting entgegenzukommen. Wenn es eilt, bietet Bürgermeister Beyer sogar Sonntagstermine im Rathaus an.

Die Geschichte der Euphorie ist nämlich zugleich eine Geschichte enormen Zeitdrucks. Aus Sicht des Investors muss es sich lohnen, nicht auf neue freie Werftkapazitäten beim vertrauten Geschäftspartner Meyer Werft gewartet zu haben.

Das Expeditionskreuzfahrtschiff „Crystal Endeavour", zu dessen Kiellegung in Stralsund Bundeskanzlerin Angela Merkel anreiste, soll schon im Frühjahr 2020 abgeliefert werden. Schon jetzt sind die ersten Törns privat verchartert, und die Kabinen lassen sich bereits buchen: Drei Wochen japanische Küste Richtung Kamtschatka in der 69-Quadratmeter-Suite mit eigener Veranda und 24-Stunden-Butlerservice kosten rund 100 000 Euro.

Marlies Uken, Jahrgang 1977, war beeindruckt von der Schiffskabine auf Rädern, die sich an einen Lkw hängen lässt. Mit ihr tourt MV Werften auf Messen.

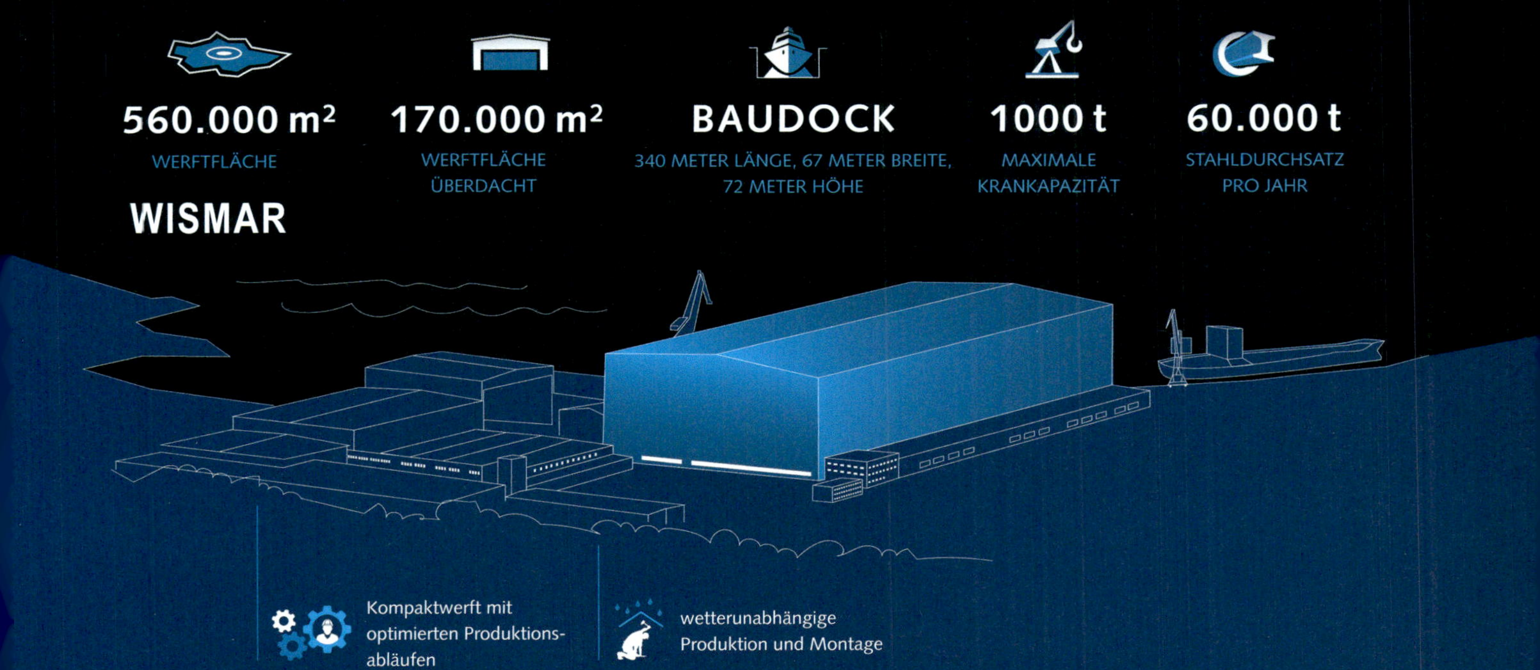

Welches Heft fehlt Ihnen noch?

Alle unten gezeigten mare-Ausgaben sind in unserem Shop erhältlich. Bestellen Sie einfach und schnell unter www.mare.de oder kontaktieren Sie uns per Telefon +49/(0)34206/65-135 oder per Fax +49/(0)34206/65-1739. Die Hefte No. 1 bis 18 sowie 20, 21, 23, 25, 28, 30, 32, 35, 83, 101 und 111 sind leider vergriffen.

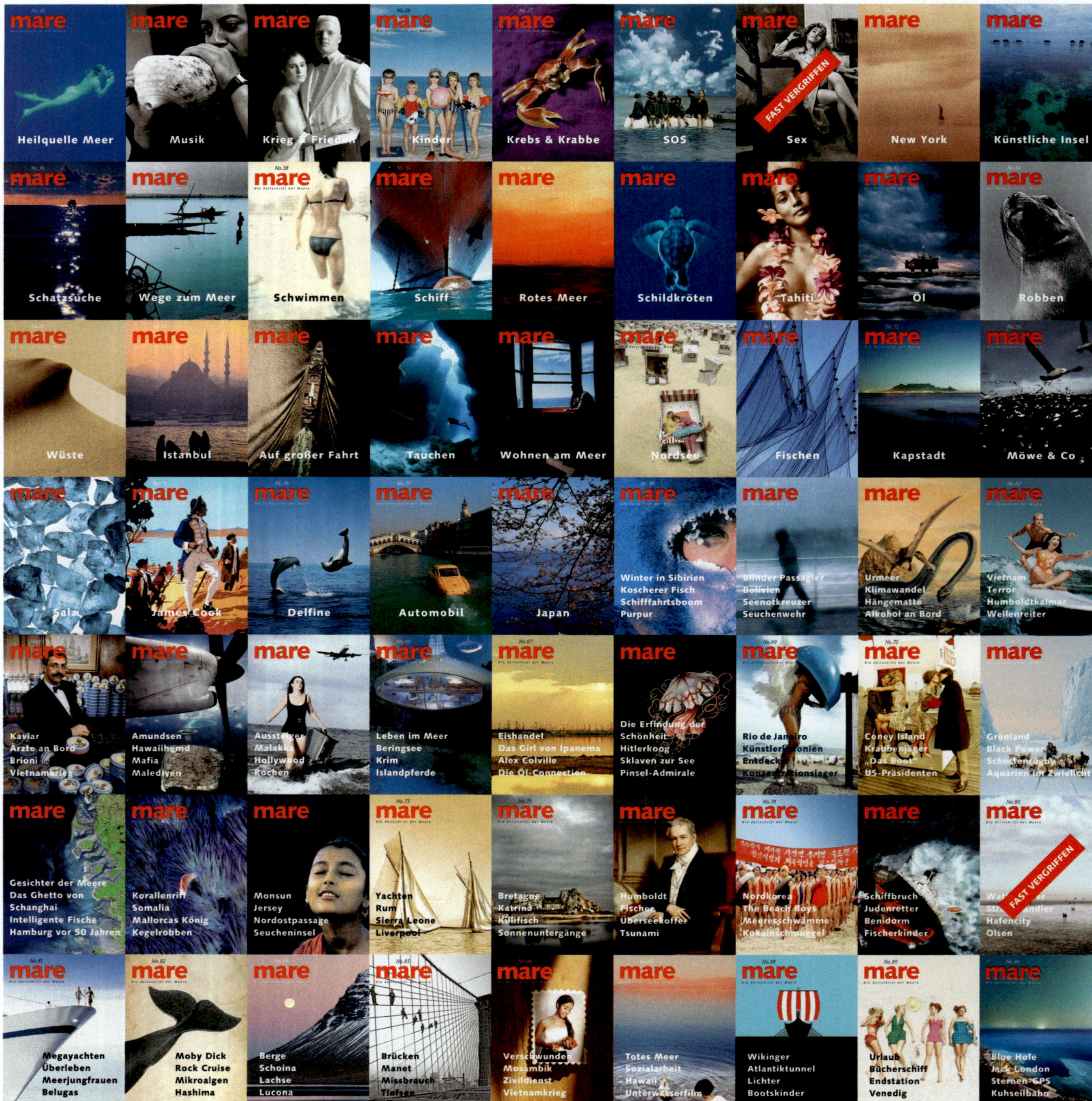

In unserem mareshop unter www.mare.de finden Sie nicht nur sämtliche mare-Hefte, -Bücher, -Kalender und -Bildbände, sondern auch passende Schuber, unsere beliebten Badetücher und viele weitere Produkte. Und wenn Sie vergriffene Hefte suchen oder Platz in Ihrem mare-Regal schaffen wollen, dann schalten Sie doch eine Gratisanzeige in unserem Hafenbasar (bei „Fundstücke") oder handeln dort mit Ihren gebrauchten Heften.

Zum Beispiel: mare-Sammelbox 18 €

Alle Preise zuzüglich Versandkosten (in D pauschal 3,50 €, EU 5 €, übrige Länder 7,50 €). Die Versandkosten entfallen, wenn der Bestellwert den Betrag von 25 € überschreitet (gilt nur für D und A). mare-Hefte sind, soweit nicht vergriffen, zum Preis von 7,50 € (ab No. 74: 8,50 €, ab No. 98: 9,50 €, ab No. 131: 12 €) erhältlich.

Legendär: Das Kindertheaterschiff liegt im Hamburger Isebekkanal

Kultur

Theater mit neuer Kapitänin

Das Kindertheater „HoheLuftschiff“ in Hamburg ist auf die nächste Generation übergegangen. Seit September wird es von Felicia Grau geleitet. Ihre Mutter Steffi hatte das dazugehörige Kindertheater „Zeppelin“ vor 40 Jahren gegründet. „Unsere charmante schwimmende Bühne im Bauch des Schiffs ist komplett auf Familien ausgerichtet“, sagt Felicia Grau. Dort werden Stücke für Kita- und Schulkinder inszeniert, und Kinder proben für eigene Aufführungen. Seit 2004 liegt das „HoheLuftschiff“ im Isebekkanal im Stadtteil Eimsbüttel. Als Getreideschute war das Schiff viele Jahre im Hamburger Hafen unterwegs. Die Schute, eine Art schwimmender Container ohne eigenen Motor, wurde mit sogenannten Bugsierern durchs Wasser geschleppt. „Als das Theater ‚Zeppelin‘ mehr Platz brauchte, wechselte die Schute den Besitzer und liegt seit 2004 am Isebekkanal“, so Grau. Thematisch beschäftigen sich viele der Kinderbühnenstücke mit dem Meer, der Seefahrt, Piraten oder Nachhaltigkeit. Nach Jahren in der Werbebranche hatte Grau Lust, beruflich etwas Neues zu wagen. „Das Angebot meiner Mutter kam genau zur richtigen Zeit.“ *mz*

Leben

Notfallkleidung für Badegäste

Rund 170 Sets mit Notfallkleidung hat die Polizei in Barcelona in dieser Saison an bestohlene Badegäste verteilt. Diese Sets bestehen aus einem T-Shirt, einer kurzen Hose, einfachen Flipflops und einem Metro-Ticket. Diebe sind an Barcelonas fünf Kilometer langem Strand ein großes Problem, vor allem im beliebten Hafenviertel Barceloneta. An den beiden Nudistenstränden Sant Sebastià und Mar Bella sind die Folgen besonders dramatisch: Diebe lassen die Badegäste oft mit nichts zurück. Seit die Badesaison im Mai begonnen hat, wurden der Polizei 853 Diebstähle gemeldet, darunter 17 Raubüberfälle. Die Notfallkleidungssets werden seit 2016 verteilt, in jedem Jahr stieg der Bedarf bisher. Im Jahr 2018 waren Berichten der spanischen Zeitung „El País“ zufolge noch rund 120 dieser Sets verteilt worden. Die Polizeieinheit Guàrdia Urbana patrouilliert seit Jahren täglich an den Stränden mit Autos, zu Fuß, mit Rädern, Motorrollern und Quads. Trotzdem steigt die Zahl der Diebstähle und Raubüberfälle und die der illegalen Händler, die Getränke, Massagen und Sarongs ohne Lizenz verkaufen. Barcelonas zuständiger Bürgermeister Albert Batlle spricht inzwischen von einer „Sicherheitskrise“ in der Stadt und an den überfüllten Stränden. *mz*

Medien

Ärger um „Estonia“-Doku

Bei Dreharbeiten für eine neue TV-Dokumentation über den Untergang der „Estonia“ ist es zu einem Zwischenfall mit den Behörden gekommen. Offenbar haben finnische Grenzschützer versucht, die Dreharbeiten zu stoppen. „Was ich bestätigen kann, ist, dass wir mit einer Unterwasserdrohne Tauchgänge um den Rumpf gemacht haben“, so Hanne McBride, Sprecherin von Discovery Networks Norway gegenüber mare. Zum Einsatz kam dabei das deutsche Tauch- und Expeditionsschiff „Fritz Reuter“. Als die Besatzung am Unglücksort in der Nähe der finnischen Insel Utö einen Tauchroboter hinabließ, griffen die Grenzschützer ein und warnten die Crew vor einer Störung des Grabfriedens. Tatsächlich gilt seit 1995 eine Bannmeile um die Stelle, an der die „Estonia“ 1994 sank. Niemand darf sich in dem Sperrgebiet, das in internationalen Gewässern liegt, aufhalten. Fast alle Ostseeanrainerstaaten haben das Abkommen unterschrieben – Deutschland jedoch nicht. In Schweden, Estland und Finnland werden Menschen, die in diese Zone eindringen, strafrechtlich verfolgt. Im Fall der „Fritz Reuter“ wurden unbestätigten Berichten zufolge sämtliche Crewmitglieder mit schwedischem Pass angezeigt. Zudem sollen die Behörden die Herausgabe des Filmmaterials verlangt haben. Discovery-Sprecherin McBride: „Ziel des gesamten Dokumentarfilmprojekts ist es, einige Antworten auf die tatsächlichen Ereignisse zu finden, und die Untersuchung des Rumpfes ist von entscheidender Bedeutung.“ Beim Untergang der Ostseefähre „Estonia“ am 28. September 1994 starben 852 Menschen. Die Unglücksursache ist bis heute nicht eindeutig geklärt. Die TV-Dokumentation soll im Frühling 2020 bei Dplay und TV-Norge ausgestrahlt werden. *mz*

Technologie

Batterie mit Blauer Energie

Forscher der Stanford University im US-Bundesstaat Kalifornien haben eine neuartige und preiswerte Batterie entwickelt. Sie nutzen dabei ein Phänomen, das auch beim Salzen von Nudelwasser eintritt: Wenn salzreiches auf salzarmes Wasser trifft, schwärmen Salzteilchen so lange aus, bis der Salzgehalt in der Flüssigkeit überall gleich ist. Diese Naturkraft, auch Blaue Energie genannt, lässt sich in Strom verwandeln. „Blaue Energie ist eine riesige, bisher ungenutzte erneuerbare Energiequelle", sagt Kristian Dubrawski, Co-Autor der Studie, die im Fachblatt „ACS Omega" veröffentlicht wurde. Jeder Kubikmeter Süßwasser, der sich mit Meerwasser mischt, produziert nach Angaben der Forscher etwa 0,65 Kilowattstunden Energie – damit kann ein durchschnittlicher US-amerikanischer Haushalt eine halbe Stunde versorgt werden. „Unsere Batterie ist ein wichtiger Baustein auf dem Weg, diese Energie zu nutzen, ohne wartungsintensive Membranen oder Stromturbinen", erklärt Dubrawski. Die Batterie ist einfach gebaut: Sie besteht aus zwei Elektroden, dem Farbpigment Berliner Blau und einem leitfähigen Kunststoff. Elektrisch geladene Salzteilchen wandern aus den Materialien hinein oder hinaus, wenn die Batterie abwechselnd mit Meer- oder Süßwasser geflutet wird. Ein äußerer Stromkreis zapft die elektrischen Ströme ab. Die Technologie funktioniert überall dort, wo Süß- und Salzwasser aufeinandertreffen. Dubrawski: „Deswegen sind Kläranlagen in Küstennähe ein guter Ausgangspunkt, um die Technologie zu etablieren." Die Forscher testeten bereits erfolgreich einen Prototyp mit Meerwasser aus einer Bucht bei San Francisco und gereinigtem Abwasser. *mz*

Mississippidelta: Hier trifft Süß- auf Salzwasser – Blaue Energie entsteht

Vor 60 Jahren

Piccard und Walsh tauchen zum tiefsten Punkt der Erde

Fünf Stunden geht es abwärts. Durch Schwärze und Leere. Dann sind sie am Ziel. Es ist der 23. Januar 1960. Mit ihrem U-Boot „Trieste" erreichen der Schweizer Ozeanograf Jacques Piccard und der US-Marineleutnant Don Walsh den Boden des Marianengrabens – die tiefste Stelle der Meere, 10 916 Meter unter dem Meeresspiegel. Nie zuvor war ein Mensch in eine solche Tiefe vorgedrungen. Aber nun, nach nur 20 Minuten am Boden, sind sie durchgefroren. Die Wassertemperatur beträgt 1,8 Grad Celsius. Zugleich sorgen sie die Risse, die sich im Fenster zur Einstiegsröhre zeigen. Sie beschließen, wieder aufzutauchen. Nach und nach schalten sie die Elektromagneten ab, die die 16 Tonnen Eisenschrott, die in zwei Silos als Ballast gehalten werden, hinunterrieseln lassen. Gut dreieinhalb Stunden dauert der anschließende Aufstieg. Begonnen hatte das Unternehmen im Jahr 1952: Jacques Piccard, Spross einer Erfinderfamilie, und sein Vater Auguste ließen in Italien ein Tauchboot bauen, die Stadt Triest übernahm die Bürgschaft. Erste Testfahrten fanden im Tyrrhenischen Meer und vor der Küste Senegals statt. Immer wieder wurde das U-Boot umgebaut, immer wieder bangten die Piccards um die Finanzierung. Schließlich aber war sie fertig, die „Trieste": die eigentliche Tauchkugel aus Stahl mit 13 Zentimeter dicken Wänden, die einen Druck von 170 000 Tonnen aushalten musste. Sie war so konstruiert, dass sie selbstständig tauchen konnte. Die Mission wurde zum Triumph für die Wissenschaft. Piccard und Walsh konnten beweisen, dass dort unten Lebewesen existieren, trotz des enormen Wasserdrucks. Sie hatten sie mit eigenen Augen gesehen. Piccard sagte: „Unsere Leistung war wohl eher, dass wir gezeigt haben: Jetzt können wir im Meer überallhin." *fk*

Illustration: Ueli Etter

Flut in der Stadt: Große Teile Jakartas liegen unter dem Meeresspiegel

Politik

Hauptstadt zieht um

Die Hauptstadt Indonesiens wird von Java auf die Insel Borneo verlegt. Das hat Joko Widodo verkündet, Präsident des Inselstaats. Die bisherige Hauptstadt, die Megacity Jakarta mit ihren im Großraum rund 30 Millionen Einwohnern, kämpft mit mehreren Problemen: Sie wird von Erdbeben und Überschwemmungen bedroht, von Dauerstaus lahmgelegt und droht zu versinken. Laut Presseberichten gibt der Erdboden Jakartas Jahr für Jahr um bis zu 25 Zentimeter nach. Grund dafür sei vor allem die illegale Entnahme von Grundwasser. 40 Prozent der Stadtfläche liegen demnach bereits unter dem Meeresspiegel. Die neue Hauptstadt soll in der Provinz Ostkalimantan auf der deutlich weniger besiedelten Insel Borneo entstehen. „Es ist ein strategischer Ort in einer Wachstumsregion mitten im Zentrum Indonesiens", so Widodo. Umweltschützer befürchten, dass der Bau der neuen Hauptstadt die Regenwälder Borneos mit ihren einzigartigen Beständen an Orang-Utans unter Druck setzt. „Wir werden geschützte Regenwälder nicht antasten", versprach der zuständige Minister Bambang Brodjonegoro in der „South China Morning Post". 2024 sollen die ersten Regierungsmitarbeiter umziehen. *mz*

Schifffahrt

Erste autonome Passage

Es ist der nächste Schritt in der Geschichte der Seefahrt: Die japanische Schifffahrtslinie Nippon Yusen Kaisha (NYK) hat im September erstmals ein Frachtschiff automatisiert auf hoher See fahren lassen – vom südchinesischen Hafen Xinsha mit Zwischenstopp im japanischen Nagoya bis nach Yokohama. Für die historische, rund 2000 Kilometer lange Fahrt war der 199 Meter lange Autotransporter „Iris Leader" mit dem Steuersystem „Sherpa System for Real Ship" ausgestattet. Es wertete eine Vielzahl von Daten aus: GPS, Radar, Echolot sowie Informationen von visuellen und thermischen Sensoren. „Aus den Informationen berechnete die Software die optimale Fahrstrecke für das Schiff", erklärt ein NYK-Sprecher. „Dabei wurden auch unerwartet auftretende Ereignisse, etwa das Auftauchen weiterer Schiffe, in Echtzeit mit einbezogen." Allerdings wurde die Fahrt noch vollständig von einem menschlichen Kapitän überwacht. Eine von der International Maritime Organization erlassene neue Übergangsregelung für autonome Schiffe hatte die Testfahrt möglich gemacht. *js*

Archäologie

Rätsel um alte Zinnbarren

Es war lange Zeit eines der größten Rätsel der archäologischen Forschung. Jetzt ist es – zumindest teilweise – gelöst: Forscher aus Heidelberg und Mannheim konnten die geografische Herkunft der berühmten archäologischen Zinnfunde ermitteln. Die im Meer gefundenen Zinnbarren aus Israel, der Türkei und Griechenland aus dem zweiten Jahrtausend vor Christus stammen überraschenderweise nicht aus Zentralasien, sondern aus europäischen Zinnlagerstätten. Das konnten die Forscher mithilfe von Methoden wie der Blei- und Zinnisotopie und Spurenelementanalysen nachweisen. Fundstücke aus Israel zeigten zum Beispiel große Ähnlichkeit mit Zinn aus Cornwall oder Devon in Großbritannien. „Zinnvorkommen und Zinnlagerstätten sind in Europa und Asien selten. Der östliche Mittelmeerraum, aus dem ein Teil der von uns untersuchten Objekte stammt, verfügte über so gut wie keine eigenen Lagerstätten. Der Rohstoff musste daher in diese Region importiert werden", sagt Ernst Pernicka, mittlerweile emeritierter Professor an der Universität Heidelberg und am Curt-

Rohstoff der Bronzezeit: Diese Zinnbarren wurden im Mittelmeer entdeckt

Engelhorn-Zentrum Archäometrie in Mannheim. Die Forscher konnten somit nachweisen, dass bereits in der Bronzezeit komplexe und weitreichende Handelssysteme zwischen Europa und dem östlichen Mittelmeerraum existierten. Für den Transport nutzte man unter anderem Frachtsegler, was Wrackfunde belegen. Schon im späten vierten und dritten Jahrtausend vor Christus wurde im Nahen Osten, in Anatolien und in der Ägäis Bronze, eine Legierung aus Kupfer und Zinn, gefertigt. Das Wissen um die Herstellung hatte sich schnell über weite Teile Europas verbreitet. „Bronze diente zur Herstellung von Waffen, Schmuck und Gebrauchsgegenständen aller Art und gab deshalb zu Recht einer ganzen Epoche ihren Namen", erklärt Pernicka. Neben Zinn prägten auch Rohstoffe wie Bernstein, Glas und Kupfer das frühe Handelsgeflecht. Das Forscherteam hatte seine Ergebnisse in der Fachzeitschrift „PLOS ONE" veröffentlicht. *mz*

Tourismus

Unterwasserpark in Bahrain

Vor der Küste Bahrains ist der erste Teil des angeblich weltgrößten Unterwasserthemenparks eröffnet worden. Hauptattraktion des „Dive Bahrain" ist ein Flugzeug, eine Boeing 747, in rund 20 Meter Tiefe. Die 70 Meter lange Maschine ist laut Zayed bin Rashid Al Zayani, Bahrains Minister für Industrie und Tourismus,

Versenkt: Die alte Boeing 747 dient jetzt als Tauchspot

„die größte, die je versenkt wurde". Weitere Attraktionen unter Wasser, die teilweise noch entstehen, sind künstliche Korallenriffe, Skulpturen und die Replik eines Perlenhändlerhauses. „Weil es immer weniger Korallenriffe in gutem Zustand gibt, sind künstliche Riffe und Wracks populäre Alternativen geworden", erklärt Adriana Humanes, Meeresbiologin an der Newcastle University. Versenkte Wracks seien aber auch belastend für die Umwelt. „Materialien wie Kupfer, Aluminium oder Stahl verrosten und können Schwermetalle ins Meerwasser abgeben." Bahrains Tourismusbehörde betont jedoch, dass das Flugzeug sorgfältig für das Wasser vorbereitet wurde. Kabel, Kraftstoffleitungen und Plastikteile seien entfernt worden. „Alle Oberflächen wurden von Beschichtungen, Öl und Schmutz gereinigt", erklärt ein Sprecher. Um neue Tauchspots zu schaffen, wurden in diesem Sommer bereits in der türkischen Ägäis ein Airbus A330 versenkt und im Roten Meer vor der Küste Jordaniens mehrere Militärfahrzeuge, darunter Panzer und ein Kampfhubschrauber. *mz*

Seenotrettung

Kirche will Flüchtlinge retten

Die Evangelische Kirche in Deutschland (EKD) will gemeinsam mit anderen Organisationen ein Schiff ins Mittelmeer schicken, um in Seenot geratene Flüchtlinge zu retten. „Es ist mehr als Symbolik. Es geht um exemplarisches Handeln", sagt der EKD-Ratsvorsitzende Heinrich Bedford-Strohm. Dass dort weiterhin Menschen ertrinken, sei etwas, was man nicht hinnehmen könne. Der Rat folgt mit der Initiative einer Resolution, die auf dem Dortmunder Kirchentag im Juni 2019 entstanden ist. Sven Giegold, Europaabgeordneter der Grünen und einer der Initiatoren der Resolution, spricht von „einem Zeichen tätiger Nächstenliebe". Eine politische Lösung wolle die EKD jedoch nicht vorgeben, betont er. Das sei Aufgabe der Parlamente und der Zivilgesellschaft. „Kirche muss deshalb unterscheiden zwischen tätiger Nächstenliebe und politischem Handeln", so Giegold in der „Zeit". Auch Bedford-Strohm betont, die Kirche sei ein „diakonischer Akteur". Die Katholische Kirche begrüßt zwar das Engagement der EKD. Eine Beteiligung an dem „evangelischen Projekt" schließt die Deutsche Bischofskonferenz allerdings aus. Die EKD will das Rettungsschiff nicht selbst betreiben; dazu soll ein Trägerverein gegründet werden. Derzeit sondieren die Beteiligten den Kauf eines Schiffs. *mz*

Illustration: Ueli Etter

Impressum

mare

VERLEGER
UND CHEFREDAKTEUR
Nikolaus Gelpke (V. i. S. d. P.)

STELLVERTRETENDER CHEFREDAKTEUR
TEXTCHEF
Karl Spurzem
spurzem@mare.de

ART DIRECTOR
Nadja Zobel
zobel@mare.de

PHOTO DIRECTORS
Barbara Stauss, Petra Koßmann
stauss@mare.de, kossmann@mare.de

REDAKTION LEBEN/POLITIK
Dimitri Ladischensky
ladischensky@mare.de

REDAKTION
WIRTSCHAFT/WISSENSCHAFT
Jan Keith
keith@mare.de

REDAKTION KULTUR
Zora del Buono, Martina Wimmer
delbuono@mare.de, wimmer@mare.de

REDAKTION ONLINE
Wiebke Böse
boese@mare.de

LEITUNG MARKETING/KOMMUNIKATION
Jan Lehmköster
lehmkoester@mare.de

VERTRIEBSLEITUNG
Karin Trommer
trommer@mare.de

BUCHHALTUNG
Nicole Steinhauser
steinhauser@mare.de

ORGANISATION
Eva Grünert
gruenert@mare.de

SATZ/LITHOGRAFIE
Andrea Best
best@mare.de

KORREKTORAT
Susanne Feyke

PRODUKTION
HS Printproduktion, Holger Schmirgalski

DRUCK
Druckhaus Kaufmann

VERTRIEB
Stella Distribution GmbH
ISSN 1432-928X
ISBN 978-3-86648-426-9

ABONNEMENTVERTRIEB
QS Quality Service GmbH

ANSCHRIFTEN

Redaktion und Verlag
mareverlag GmbH & Co. oHG
Sandthorquaihof
Pickhuben 2, 20457 Hamburg
Telefon 040/36 98 59-0
Fax 040/36 98 59-99
mare@mare.de, www.mare.de

Redaktionsbüro Berlin
Oranienstraße 10–11
10997 Berlin

Art Direction: Telefon 030/612 86 154
Photo Direction: Telefon 030/617 027 34
Redaktion Kultur: Telefon 030/612 806 93
Fax 030/612 806 94

ABONNEMENTSERVICE

mare-Service
Postfach 11 10 11, 20410 Hamburg
service@abo.mare.de
Telefon +49/(0)40/3007-3536, Fax -853536
Jahresabonnement: 60 Euro
Studentenabonnement: 54 Euro

mare ist stets erhältlich im
Bahnhofs- und Flughafenbuchhandel.

mare erscheint im mareverlag
GmbH & Co. oHG, HRA 90234,
PHG: Dreiviertel Verlag GmbH,
HRB 63029, Nikolaus Gelpke

ANZEIGEN

ANZEIGENLEITUNG mare
Anke Wiegel
Speersort 1, 20095 Hamburg
Telefon 040/3280-345
anke.wiegel@zeit.de

LIFESTYLE
Patricia Rudigier
Telefon 089/545907-29
Nymphenburger Straße 14, 2. Stock
80335 München
patricia.rudigier@extern.iqm.de

INTERNATIONAL
iq media marketing gmbh
Gerda Gavric-Hollender
Telefon 0211/887-2343
Toulouser Allee 27, 40211 Düsseldorf
gerda.gavric-hollender@iqm.de

BILD- UND TEXTNACHWEIS

Bildnachweis
(l.: links; r.: rechts; M.: Mitte; o.: oben; u.: unten)
Titel: NASA/Goddard Space Flight Center, Scientific Visualization Studio; S. 5: Mathias Bothor/Photoselection; S. 6 v.o.l.n.u.r: Céline Clanet; Louis Choris, National Library of Australia, nla.obj-136173698; Jörg Hülsmann, Berlin; Simon Sharp; Nick Hannes; www.hermitagemuseum.org, courtesy of The State Hermitage Museum, St. Petersburg, Russia; MV Werften; S. 8/9: mare/Illustration: RB+MKB-Deskkart, Hamburg; S. 12–29: Céline Clanet; S. 30 (Karte): Peter Palm, Berlin; S. 33: Léon Spilliaert/akg-images; S. 34: Quelle: The Enrique de Malacca Memorial Project; S. 35: Alexander Turnbull Library, Wellington, New Zealand/records/23223312; S. 36: Louis Choris, National Library of Australia, nla.obj-136173698; S. 37: akg-images/British Library; S. 38: akg-images/De Agostini Picture Library; S. 39: Alexander Nasmyth, John Sakeouse, 1797–1819. Inuit whaler and draughtsman, National Galleries of Scotland. Purchased 1981. © National Galleries of Scotland, photography by A. Reeve; S. 40–44: Jörg Hülsmann, Berlin; S. 47: privat; S. 49: Simon Sharp; S. 50–52: Hickes/Daily Mirror/Mirrorpix; S. 53 (beide): Tom King/Daily Mirror/Mirrorpix; S. 54: Simon Sharp; S. 59: Cathrine Kjærø Ulf Ertmann; S. 60/61 (Karte): Peter Palm, Berlin; S. 60–71: Nick Hannes; S. 72 (Karte): Peter Palm, Berlin; S. 74–78 o.: Courtesy of the crew of the Ben Franklin and NASA/GSFC; S. 78 u.: picture alliance/AP Images/Anthony Camerano; S. 80: INTERFOTO/National Portrait Gallery; S. 81: Library of Congress, Geography and Map Division, Washington, D.C. 20540-4650 USA dcu, LOC Control Number: 88696412; S. 87 (WOR-Titelbild): Tobias Gelston, TobyG/shutterstock.com; S. 87 u.: plainpicture/Minden Pictures/Hiroya Minakuchi; S. 90: Alfred-Wegener-Institut/Esther Horvath; S. 93 (Illustration): Orlando Hoetzel; S. 94: Willem van de Velde d.J., The Evening Gun – Shipping in the Calm with a Dutch Bezan Yacht/Privatbesitz; S. 95 o.: INTERFOTO/National Maritime Museum, London; S. 95 u.: Public domain; Rijksmuseum, Amsterdam (Object number SK-A-2236); S. 96/97: Willem van de Velde d.Ä., Dutch ships underway in a moderate breeze, from the anchorage off Vlieland/Privatbesitz; S. 99 o.: INTERFOTO/National Maritime Museum, London; S. 99 u.: www.hermitagemuseum.org, courtesy of The State Hermitage Museum, St. Petersburg, Russia; S. 100/101: Amsterdam Museum, Online: http://hdl.handle.net/11259/collection.38570; S. 103: Online: https://en.wikipedia.org/wiki/Entrance_to_a_Dutch_Port (Stand: 17.10.2019), Bequest of William K. Vanderbilt, 1920, Accession Number: 20.155.6; S. 104–106: Theodor-Fontane-Archiv, Potsdam; S. 108: Peter Nicholls/picture alliance/REUTERS; S. 109 (Kasten): © Kadir van Lohuizen/Noor; S. 109: Barbara Dombrowski/laif; S. 110: Thalia-Theater; S. 111 (beide): Christophe Engels; S. 117 (Porträt): Mathias Bothor/Photoselection; S. 118–121: MV Werften; S. 124–127 (Illustration unten): Ueli Etter; S. 124: Kerstin Bittner; S. 125: ESA, CC BY-SA 3.0 IGO; S. 125 (Kasten): Courtesy of US Navy (Archive brought together by Kevin Hardy); S. 126 o.: Veri Sanovri/Xinhua/Gamma/laif; S. 126 u.: Ehud Galili; S. 127 o.: Dive Bahrain; S. 127 u.: Kriki/Christian Groß; S. 128: Heike Ollertz/Ag.Focus; S. 129 (Illustration): Olaf Hajek; S. 130: Paul Scherübel; Heftrücken: Conny Bangert.

Textnachweis
S. 32: Michael Ondaatje: Katzentisch, aus dem Englischen von Melanie Walz, Carl Hanser Verlag, München, 2012;
Emily Dickinson: Frohlocken ist der Binnenseele, aus dem Amerikanischen von Werner von Koppenfels, Dieterich'sche Verlagsbuchhandlung, Mainz, 1995.

Der Abonnementauflage von mare sind Beilagen von Plan International Deutschland, Hamburg, remember products GmbH, Krefeld, und Lettre International Verlagsgesellschaft mbH, Berlin, hinzugefügt. Wir bitten um freundliche Beachtung.

ClimatePartner° klimaneutral
Druck | ID 11061-1707-1001

mare wird klimaneutral hergestellt und an die Abonnenten in einer kompostierbaren Biofolie versendet.

mare *No. 138* Februar/März 2020

ab 4. Februar 2020 im Zeitschriften- und Buchhandel

Liebesbriefe

Einst war der Brief oft die einzige Möglichkeit der Kommunikation zwischen Liebenden. Und wenn der Ozean sie trennte, waren ihre Worte umso bewegender. mare holt die schönsten und tragischsten Liebesbriefe aus den Archiven.

Weitere Themen im Heft

Great Barrier Reef
Dem größten Riff der Welt geht es so schlecht wie nie. Was kann die Forschung tun, um es zu retten?

Der König der Paddler
Seit er Rentner ist, hat ein Pole dreimal im Kajak den Atlantik überquert. Jetzt ist er 73 und hat neue Pläne.

U-Boot-Bunker
Auf der Krim befindet sich ein gigantischer U-Boot-Bunker aus Sowjetzeiten. Ein Besuch unter der Erde.

Der in Basel lebende österreichische Illustrator Paul Scherübel interpretierte für mare den Song „1983… (A Merman I Should Turn To Be)" von Jimi Hendrix. Der US-Gitarrist und -Songwriter (1942–1970), der wegen seines stilbildenden Einflusses als bedeutendster Instrumentalist des Rock gilt, nahm das Stück im März 1968 erstmals in einem New Yorker Apartment als Solo auf und veröffentlichte es im Oktober desselben Jahres auf seinem legendären Album „Electric Ladyland". Die Hendrix-Biografen Harry Shapiro und Caesar Glebbeek nannten die experimenthaften Klangmontagen und seinen lyrischen Inhalt „die letzte von Jimis surrealen Apokalypsen". Voller Verzweiflung über die Menschheit kehre Hendrix ins Meer zurück, zur Quelle allen Lebens.